대기업도 골라가는

지방대 저스펙 취준생의 비밀

입사의 달인이 알려주는 취업 공략법
대기업도 골라가는
지방대 저스펙 취준생의 비밀

초판 1쇄 인쇄 2019년 1월 2일
초판 1쇄 발행 2019년 1월 9일

지은이 한주형

발행인 백유미 조영석
발행처 (주)라온아시아
주소 서울시 서초구 효령로 34길 4, 프린스효령빌딩 5F

등록 2016년 7월 5일 제 2016-000141호
전화 070-7600-8230 **팩스** 070-4754-2473

값 13,800원
ISBN 979-11-89089-54-2 (03320)

입사의 달인이 알려주는 취업 공략법

대기업도 골라가는
지방대 저스펙 취준생의 비밀

RAON BOOK

프롤로그

오늘도 막막해하고 있을 모든 취준생에게

시간이 참 빠르다.

막 스무 살이 되어 이제는 좀 놀아보자 했더니, 술 몇 번 마시고 전공시험 몇 번 치르고 대학축제 몇 번 즐겼을 뿐인데 벌써 또 취업 준비라는 묵직한 현실이 날 압박한다. 이제 사회에 나갈 준비를 하란다. 남들 다 가지고 있는 그럴싸한 스펙 하나 없이 어떻게 해야 할지 막막하기만 하다. 날고뛰는 SKY 출신도 취업이 어렵다는데 나는 웬걸, 지방대에다가 스펙도 변변찮으니 도저히 안 될 것만 같다. 그냥 현실을 받아들이기로 한다. 이게 대부분 취업준비생들의 마음이 아닐까.

나는 부산에 있는 사립대에 기계공학과를 졸업한 여대생이었다. 지방 사립대, 공대, 거기다 정말 몇 안 되는 여자. 말 그대로 '취업 악조건 쓰리 콤보'였다. 취업에 안 좋은 조건이란 조건은 다 갖춘 셈이었다. 그래서인지 취업 준비를 시작할 때 모두들 입을 모아 말했다. 안 될 거라는 말은 차마 못 하고 어렵다는 말로 빙빙 돌려 "지방대 여자 공대생은 좀 힘들지 아무래도. 실험실에 들어올 생각은 없나? 거기 좀 있다가 연계된 업체로 추천서 써줄 테니까 가보는 건 어때?" 혹은 "좀 눈을 낮춰서 생각해보자. 나중에 계속 떨어지면 너도 지쳐서 그때는 눈을 낮춰서 볼 거야" 등의 멘트를 번갈아가며 희한한 어투로 나를 달래는 듯 이야기했다.

계속 듣고 있다 보니 짜증이 났다. 왜 자꾸 안 된다는 거야. 그건 내가 해볼 만큼 해보고 진짜 안 될 때 내가 스스로 판단하는 거지. 왜 내 미래를 옆에서 이래라저래라 결정하려고 하는 거야. 그날이었다. 마음속에서 무언가 뜨겁고 묵직하게 올라오는 감정을 느낀 것이. 편견을 깨버리고 싶었다. '나'라는 사람이 당당히 해내고 싶었다. 타이르듯 한 말이 무색하리만큼 당당히 해낼 거라고. 한편엔 오기를, 또 다른 한편엔 용기를 심었다. 그렇게 나도 시작했었다. 오기와 용기만으로.

이랬던 내게 어떻게 내로라하는 대기업에 몇 개씩 합격해 골라서 갈 수 있는 기적이 생겼을까?

나는 독자들에게도 이 책이 그 기적의 첫걸음이 되었으면 하는 바람으로 한 자씩 써내려갔다. 나도 같은 길을 지나왔기에 그 길이 얼마나 힘들고 지치는 길인지 잘 알고 있다. 그렇기에 더 현실적으로 이 책을 읽을 취업준비생들에게 와닿는 나만의 이야기를 해주고 싶었다. 학벌, 스펙 등으로 대기업이란 큰 벽 앞에 이미 기가 죽어 갈팡질팡하는 취업준비생들을 위해 누나, 언니의 마음으로 '어떻게 이런 악조건을 극복하고 대기업 취업이란 험난한 문을 열 수 있었을까'에 대해 진심을 눌러 담아 썼다.

좋은 조건이 아니었던 나의 이야기를 많이 담으려고 노력했고 그 과정에서 나도 이렇게 해낼 수 있었던 것을 보며 한 줌의 오기와 희망을 가지고 '그래, 까짓것 나도 한 번 해보자. 별거 있나. 밑져야 본전이지'라고 생각할 수 있는 용기를 주고 싶었다. 막연히 헛된 이상과 희망을 줄 생각은 추호도 없다. 내가 취업준비생이었을 때도 가장 싫었던 것이 너무 당연한 말을 하면서 열심히 하라고 이상만 읊어대는 이야기였다. 그렇기에 하나도 와닿지 않았던 그런 뻔하디 뻔한 말을 하고 싶지는 않다. 우리의 가장 큰 취약점인 학벌과 스펙을 이길 수 있는 진짜 '다름'은 어떤 것인지 똑똑히 알려주고 싶다.

나는 2013년 7월 현대중공업에 입사했고 1년 후 현대자동차로 이직했다. 지금은 5년째 현대자동차 설계팀에서 차종 품질업무를 맡아 일하고 있다. 그리고 동시에 5년 전부터 청춘 멘토로서, 모의 면접관 및 컨설턴트로서 지방대 취업준비생들을 만나고 있다. 컨설팅과 코칭을 하면서 그들에게 들려주던 이야기들을 엮어 전국의 막막해하는 취업준비생들 위해 매거진을 발행해야겠다고 생각했고, 현재는 브런치 작가로《지방대 취업준비생》이란 매거진을 발행하고 있다.

이 책은 자기소개서 적는 법, 면접관을 사로잡는 1분 스피치 등의 실용적인 지식을 설명하지는 않는다. 나는 취업준비생들이 생각을 전환할 수 있도록 정신적인 코칭을 해주고 싶었다. '나 같은 저스펙 지방대생은 대기업은 쳐다보기 힘들지'라고 지레짐작해 겁을 먹어 막막한 그들에게 현실적인 대안을 제시하고 나와 내 지인들의 경험을 보여주며 할 수 있다고,쫄지 말라고 마음을 다잡아주고 싶었다. 지금 취업을 준비하고 있거나 아니면 취업에 실패해 재도전하고 있는 취업준비생 모두에게 길을 터주고 싶었다. 마음의 길을.

1장에는 '함께 일하고 싶은 사람이 취업에 성공한다'를 주제로 저스펙의 지방대 취업준비생들이 어떤 '유일한' 무기를 장착해 대기업 입사에 성공했는지를 담았다. 2장, 3장, 4장에는 '대기업 취업을 뚫은 저스펙 인재들의 비밀', '취업준비생들이 쉽게 놓치고 가는 것들', '대기업 면접관이 궁금해하는 지원자가 되는 비결'을 실어 저스펙 인재들의 어떤 부분이 면접관을 사로잡아 대기업 취업에 성공할 수 있었는지의 대한 비결을 담아보았다. 5장에서는 '저스펙 지원자들의 서류 합격부터 최종 면접까지' 실제로 취업 프로세스에 응용할 수 있는 팁을 녹였다. 마지막으로 6장에서는 '마음 가다듬고 최종 돌파하기'란 주제로, 취업 준비란 기나긴 터널을 지나기 전 심호흡 하듯 마음을 정리하고 생각해볼 수 있는 것에 대해 실었다.

그들이 현재 직면해 있는 취업에 대한 고충을 나누면서 그들이 겪었던, 아니 어쩌면 내가 먼저 겪었던 어려움을 어떻게하면 당차게 헤쳐나갈 수 있을까에 대한 생각들도 함께 정리해보았다. 함께 어려움을 나누고 고민하고 전략을 세우면서 결실을 거둔 친구들도 꽤 많았다.

부디 이 책을 읽는 독자들도 그중 한 사람이 되어 내가 '이 책을 쓰길 참 잘했다'라고 생각할 수 있을 그날이 오기를.

건투를 빈다.

아니, 함께 건투해보자.

차례

✧ 2장 ✧

대기업을 뚫은 저스펙 인재들의 비밀

✧ 3장 ✧

취업준비생들이 쉽게 놓치고 가는 것들

✦4장✦

대기업 면접관이 궁금해하는 지원자가 되는 비결

✦5장✦

저스펙 지원자들의 서류 합격부터 최종 면접까지

✦ 6장 ✦

마음 가다듬고 최종 돌파하기

1장

함께 일하고 싶은 사람이 취업에 성공한다

대기업 취업에 실패하는 이유, 스펙 부족 때문이 아니다

힘들다, 취업이. 무지막지하게.

특히나 우리 같은 지방대생들은 죽으란 말인지 '인서울'도 취업이 안 된다고 한다. 힘 빠지게. 자꾸만 헬조선이 되어가는 것 같다. 이제는 그냥 대기업 취업은 꿈도 꾸면 안 될 것만 같다. 아무데나 취업만 되면 감지덕지해야 할 처지인가?

기업에서는 지방 대학에 대한 편견을 없애겠노라 '열린 채용'이란 명목 아래 블라인드 채용을 한다고는 하지만 아래의 기사와 같이 지방대 출신 취업준비생 61퍼센트는 우리의 포지션이 취업에서 불리하다고 생각한다고 답했다.

출신 학교 등을 가리는 이른바 '블라인드 채용'이 공공기관을 중심으로 확대되고 있지만, 지방대 출신 취업 준비생 10명 중 6명은 여전히 출신 학교 소재지가 지방이라는 점이 취업에서 불리하다고 생각하는 것으로 나타났다.

- 블라인드 채용 확대됐지만…지방대 출신 취업준비생 61% "취업서 불리해", 〈메트로〉, 2018. 2. 26.

어쩌겠는가. 이러나 저러나 우리가 불리한 조건임에는 틀림이 없다. 하지만 주저앉아 울고 있다고 누가 나타나 이 현실을 해결해주진 않는다. 우리는 우리 나름대로 전략을 세워 틈새를 공략해야만 한다. 그나마 감사(?)해야 하는 현실은 지방대를 많이 뽑으려고 수박 겉핥기식이든 어떤 식이든 간에 정책적으로 노력은 하고 있다는 것이다. 어떻게든 그 좁은 틈을 비집고 들어간 지방대 출신 대기업 합격자들이 분명히 있기는 있다.

'유일한 무언가'를 만들어라

자, 그렇다면 그 틈을 비집고 들어간 사람들의 공통점은 뭘까?

바로 '유일한 무언가'이다. 이게 무슨 말인가 긴가민가할 수도 있다. 이해하기 쉽게 내 주변의 지인을 예로 들어 설명해보겠다.

A씨는 지방 인문대 출신으로, 유통 · 물류 전공을 했다. 학점은 3점 초반대, 토익은 600점대였다. 그럼에도 불구하고 3개월 동안 52군데 편의점을 직접 발로 뛰어다녔고 물류 컨디션과 프로세스를 회사별 포트폴리오로 정리했다. 더 나아가 이 자료를 바탕으로 회사별 유통과정의 장단점을 파악했다. 또한 꾸준한 방문으로 친분을 쌓은 각 회사 물류 기사들과의 인터뷰를 통해 현실적인 문제점을 정리한 후 개선 목표를 세웠다. 그 결과 A씨는 물류 대기업인 'GS리테일'에 당당히 합격했다.

스펙은 보다시피 서류 광탈을 해도 이상하지 않는 저스펙이다. 심지어 헬이라는 인문대. 오죽하면 '문송합니다'라는 신조어까지 생겼겠는가. '문송합니다'는 '문과라서 죄송합니다'의 줄임말이다. 문송해야 할 그녀는 어떻게 저런 스펙으로 대기업을 뚫을 수 있었을까? 바로 '52군데의 편의점'을 발로 뛴 결과 아닐까. 과연 누가 저렇게 52군데 편의점을 3개월 동안 일정한 시간에 방문해서 직접 문제점을 알아낼 생각을 했겠는가. 이것이 바로 A씨만의 '유일한 무언가'인 것이다.

B씨는 지방 공대 출신으로, 조선 · 해양 전공이다. 학점은 3점 후반대, 토익은 700점 초반대였다. 그러나 조선 · 해양 관련 공모전 혹은 활동이란 활동은 입상 여부를 떠나 무조건 다 참가했다. 그뿐만 아니라 입사하고 싶었던 기업의 취업설명회는 지방과 수도권을 가리지 않고 참

석하며 매번 본인이 궁금한 부분을 질문하고, 기업과 관련된 내용을 담은 본인만의 블로그를 제작하여 자연스럽게 인사담당자들의 눈에 띄었다. 그 결과 본인이 그렇게 원하던 '대우조선해양'에 합격했다.

그는 그 회사에서 주최하는 대부분의 취업설명회에 참가했다고 한다. 인사담당자들이 "또 왔냐"고 이야기할 정도였으니 이미 그들의 눈에 띈 것이다. 그리고 지금 회사의 이슈가 무엇이고 분위기는 어떠한지, 본인이 궁금한 전반적인 내용을 그곳에 온 재직 선배들에게 질문하고 정리해 블로그에 꾸준히 게재하기까지 했다.

여기서 내가 말하고 싶은 요점은 "가고 싶은 회사가 있으면 그 회사 취업설명회를 쫓아다니세요"가 아니다. 그는 자신만의 캐릭터를 만든 것이고 그 적극성이 그의 '유일한 무언가'가 되었던 것이다.

대기업 취업에 성공한 지방대생의 비밀

어떠한 것이라도 상관은 없다. 본인만이 풍길 수 있는 고유의 향을 풍겨야 한다. 이제는 '스펙 싸움'보다 본인이 가진 '유일한 무언가'라는 무기가 필요한 것이다. 물론 스펙이 좋으면 좋을수록 좋다. 하지만 시간은 한정되어 있고 기업에서 원하는 모든 스펙을 충족한 채 취업 준비를 시작하기는 어렵다. 그렇다면 수치화된 스펙을 올리기보다 고유한 경험들을 만들어 '나는 이런 나만의 향이 있는 사람이다'라는 점을 어필하라는 것이다.

'취업=스펙'이라는 선입견을 지워라.

A씨도 B씨도 대단한 스펙이 아니다. 그런데도 합격을 하는 데에는 이유가 있다. 직접 발로 뛰었던 '적극성'과 본인만이 가질 수 있었던 '특별하고 유일한 스토리'가 먹혀든 것이다. 이런 스토리를 가진 사람들은 여러 대기업에 합격했다는 공통점이 있다. 기업들은 그런 인재들을 찾고 있다.

힘들다고만 하지 말고, 나를 믿고 '밑져야 본전'이란 마음으로 한번 해보자. 그 시작에는 무엇으로 '내 유일한 무언가를 만들지?'라는 고민의 과정이 꼭 있어야 한다. 수치적 스펙이 아닌 진짜 '나'라는 스펙이 더 중요하다는 사실을 꼭 잊지 말자.

대기업 취업에 성공한 저스펙 인재들이 찾은 해답

취업하는 데 출신 학교와 스펙은 얼마나 많은 비중을 차지할까?

정확히는 몰라도 적지 않은 비중을 차지할 것이다. 어떻게 보면 출신 학교와 스펙은 그들의 '성실함'을 판단하는 척도이기에 그 사람을 판단하는 데 있어 중요한 요소임에 틀림이 없다. '출신 대학'이란 스펙은 고등학교 때 이 사람이 얼마나 성실하게 공부했냐는 척도이고, '학점'이란 스펙은 본인이 주어진 환경인 대학교에서 얼마나 시키는 일을 잘했느냐의 척도다. 나머지 스펙들도 비슷한 의미를 가지리라 생각한다.

내가 생각한 '스펙'은 '성실함' 그 이상도 이하도 아닌 딱 그 지점이다. 그러나 회사라는 조직은 이익을 내야 하는 단체이며 그들이 주는 월급보다 더 많이 수익을 창출해야 하는 구조이기에 사람을 뽑을 때 시키는 일에 대한 '성실함'이 중요할 수밖에 없다. 그렇기 때문에 지금도 열린 채용으로 학점 및 스펙을 가리는 블라인드 채용을 한다고는 하지만 아예 그 부분을 배제할 수 없다.

그렇다고 기죽을 필요는 없다. 학교 이름도, 변변한 스펙도 없는 나를 비롯한 내 주변 지인들도 여러 곳의 대기업을 뚫었다. 그러니 '아주 안 되는 건 아니구나'라는 위안을 얻어도 된다.

임팩트 있는 자기소개를 하라

지금부터 나의 경험담을 한 번 이야기해보겠다.

한창 취업준비생으로 지내던 어느 날 '현대건설' 면접을 보러 갔을 때 일이었다. 하필이면 내가 너무나도 가고 싶었던 중공업과 면접 시기가 비슷해 따로 준비를 할 수 없었다. 심지어 다른 회사에는 없는 전공 면접이 있었기에 나는 거의 반 포기상태로 면접에 임했다.

전공이 건축공학도 아니고 건축 쪽에는 아는 것도 없는 일자무식이었기에 전공 면접이 있다는 것을 안 순간부터는 답이 없다고 생각했다. 회사에서 준비해오라는 '3분 자기소개'나 떨지 말고 잘하고 나오자는 마음뿐이었다.

아침 일찍 긴장된 눈을 비비고 일어나 KTX와 서울의 지옥철을 달리고 달려 회사가 있는 종로에 도착했다. 사원증을 찍고 출근하던 직장인들의 모습이 그땐 뭐 그리 멋있어 보이던지. 아직도 그 순간을 잊지 못한다. 괜히 그 모습을 보니 '아, 조금이라도 전공 면접을 준비할 걸 그랬나' 하는 후회마저 밀려들었다. 멋있고도 신기한 직장인들과 함께 엘리베이터를 타고 면접 대기장으로 가서 이름표를 받았다.

떨리는 마음으로 자리에 앉자마자 준비할 틈도 없이 그다음 조에 내 이름이 불렸다. 5명이 한 조였는데 우리 조는 여자가 둘, 남자가 셋이었다. 처음 보는 사이라 출신대학이 어딘지, 몇 살인지도 몰랐지만 그들 역시 긴장이 역력한 모습이었다. 그 모습을 보니 '나만 떨고 있는 게 아니구나' 하는 안도감과 함께 조금씩 긴장이 풀렸던 것 같다. 그렇게 면접이 시작되고 세상에서 제일 온화한 미소를 지은 채 들어가 인사를 하곤 '3분 자기소개'를 했다.

첫 번째 면접자부터 3분 자기소개를 하는데, 뭐랄까. 내가 면접관이었다면 별로 매력이 없는 자기소개라고나 할까. 게다가 떨리는 목소리로, 너무나 외운 티가 팍팍 나는 임팩트 없는 자기소개를 하는 게 아닌가. 그다음 사람, 그 다다음 사람도 마찬가지였다. 본인의 어떤 점을 어필하려는 건지. 진정성이 없는 진부한 '성실함', '리더십'이란 멘트를 연이어 듣고 있던 면접관들의 얼굴이 조금씩 굳어갔다. 그러다 드디어 내 차례가 왔다. 나는 유일하게 준비한 3분 자기소개를 해나갔다. 정확하게 다 기억나지는 않지만 나는 그 3분 동안 세 가지 정도를 어필한 것 같다.

첫 번째는 바퀴벌레도 씹어 먹을 만큼의 '대담함', 두 번째는 국가대표와 어깨를 나란히 했을 만한 '체력', 세 번째는 화장실도 파 썼을 만큼의 '현지적응력'이다.

한 사람의 자기소개가 끝나면 "다음" 하며 바로 그다음 사람으로 넘기던 면접관들이 너나 할 것 없이 질문하기 시작했다. "아니, 저도 중국이나 인도나 출장을 많이 다니지만 현지에 있는 관리자나 작업자가 권해도 바퀴벌레는 도저히 못 먹겠던데 어떻게 먹었나요?"부터 시작해서 "무슨 운동을 하신 건가요? 국가대표와는 언제 어깨를 나란히 한 거예요?" 등 질문을 쏟아내기 시작했다.

사실 첫 번째 바퀴벌레를 씹어 먹었던 경험은 중국에 봉사활동을 갔을 때 전갈과 바퀴벌레 등을 파는 시장에서 중국 학생이 하도 권해서 조금 맛보고 씹다가 오만상을 찌푸리며 뱉었던 게 다였다. 두 번째 국가대표와 어깨를 나란히 했던 경험은 '드래곤보트 대회' 아시아 게임 채택을 기념해 대학부 출전을 할 기회가 있어, 지인들과 재미삼아 그 대회에 출전해서 신생 종목의 국가대표들과 시합을 할 수 있는 영광을 얻었던 것이었다. 세 번째는 시골에 봉사활동을 하러 갔다 사람들과 푸세식 화장실을 만들어 썼던 경험이었다.

면접관들이 궁금해하는 부분들에 답을 다 하고 나니 시간이 이미 많이 흘러가 있었다. 다른 면접자들에게는 교량이 무엇인지, 어떤 종류의 교량이 응력을 많이 받는지 등 매우 전공 면접다운 질문을 했지만, 나는 할당된 시간을 자기소개에서 많이 써버려 제일 쉬운 질문, 가령 누구나 현대건설 홈페이지만 들어가 보면 알 수 있는 그런 용어를 질문했다. 그런데도 그것을 몰라서 솔직하게 잘 모르겠다고 대답하고는 “일을 하는 융통성은 지식의 차이가 아니라고 생각합니다. 이 질문에 대한 답은 입사 후 꼭 ○○○ 전무님을 찾아뵙고 답을 드리겠다”라고 황당무계한 대답으로 면접을 마쳤다.

그렇게 긴 면접 과정을 마치고 집으로 돌아오면서 전공 면접에서 그처럼 쉬운 질문 하나에도 제대로 답을 못했으니 떨어졌을 거라고 생각했다. 게다가 면접 후 담소를 나누다가 같이 면접 본 지원자들의 스펙이 어마어마하다는 것을 알았기 때문에 더 이상의 기대는 하지 않았다. 특히 그중 한 여성 지원자는 서울대를 졸업하고 카이스트 석사를 마친 후 건설 잡지사 인턴까지 한 인재 중 인재였다. 자기소개나 인성 면접에서 임팩트는 없었지만 전공 면접에서 빠삭한 지식을 뽐냈던 그 언니에게 ‘쨉’이 될 리가 없었다.

기업은 함께 일하고 싶은 사람을 뽑는다

하지만 웬걸, 며칠 후 나는 현대건설로부터 '한주형님, 축하드립니다. 최종면접에 합격하셨습니다'라는 문자를 받았다. 나는 내가 합격했다는 사실에 1차 충격을 받았고 합격자들이 모이는 오리엔테이션에 참가했을 때 그 스펙 짱짱한 언니가 떨어지고 내가 합격했다는 사실에 2차 충격을 받았다. 참 희한한 일이지 않는가. 수재 중의 수재를 떨어뜨리고 내가 합격했다니.

그때 깨달았다. '지식'과 '스펙'이 합격의 당락을 좌지우지하지 않는다는 것을. 기업은 스펙이 좋은 사람보다 '함께 일하고 싶은 사람'을 뽑는다는 사실을 그때 몸소 경험해보고서야 느끼게 된 것이다.

돌이켜보면 그 3분 자기소개가 날 합격시킨 듯하다.

면접관 입장에서 생각해보자. 그들이 나와 함께 일한다고 가정할 때 무엇이 가장 우려되고 걱정될까? 당시 나는 그것을 그들이 먼저 묻기 전에 '내가 먼저 치고 들어가야지'라고 생각했다.

'여기는 건설사이기 때문에 해외 출장이 잦을 것이고, 그런 현장은 대부분 아무것도 없는 오지에 있겠지? 그럼 그곳의 음식에 적응하는 문제, 특히 여자인 내게는 체력적인 문제, 그리고 그런 허허벌판인 현장에 잘 스며들 수 있을까 하는 문제를 짚고 넘어가면 되겠구나' 하는 생각을 하고 그것을 3분 자기소개에 그대로 녹인 것이다.

'취향 저격'이라고 하는가? 그들이 제일 걱정하고 공감하는 것들을 '취향 저격'했기에 나에게 좋은 이미지가 생긴 것이다. 반면 100명 중 90명이 이야기하는 '성실함'과 '리더십'을 어필하는 다른 지원자들의 자기소개는 현직자들에게 와닿지 않을 수밖에 없었던 것이었다.

입장을 바꿔 생각해보자. 면접관들도 본인들이 같이 일할 부하직원들을 뽑는 것이다. 만약 뽑아 놨는데 머리에 든 것은 많지만 현장의 문화에 적응하지 못해 힘들어한다거나, 오지에 나가려 하지 않고 쭈뼛대거나, 또는 여자니까 연약한 척하면서 힘든 일은 마다하는 그런 직원은 뽑기 싫은 것이다. 결국은 같이 일하고 싶은 사람을 뽑게 마련이다.

각각의 회사마다 그 회사의 특성에 따라 원하는 인재상이 있고 업무 특성이 있다. 그 틈을 공략해야 한다.

잊지 말자. 스펙을 이기는 건 우려를 확신으로 바꿔주는, '같이 일하고 싶어지는 자질'이란 것을.

목표를 100으로 시작하면 못해도 70은 간다

"정말 언니, 누나의 입장으로 말할게. 목표를 낮게 혹은 적당하게 잡지는 않았으면 좋겠어. 너네 있잖아, 목표를 '100'으로 잡잖아? 그럼 적어도 60~70은 간다. 못해도 반 이상은 가는 거야. 근데 목표를 '60'으로 잡지? 그럼 30~40밖에 못 가는 거야. '60~70' 대 '30~40'은 정말 엄청난 차이야.

이게 진짜 그렇더라구. 자신을 과소평가하지 말고 '아, 내가 진짜 할 수 있을까? 말도 안 되는 것 같은데' 하고 의심하지 말고 일단 목표는 높게 가져가. 목표를 높게 잡는다고 돈 드는 것도 아니잖아. 일단 한번 해봐. 뭘 목표로 하든 간에."

지방대 취업준비생들을 만날 때면 항상 해주는 말이다.

목표는 일단 높게 잡아라

사람은 신기하고도 웃긴 생명체다. 일단 목표가 정해지면 그 근처에 가기 위해 애쓰는 경향이 있다. 비록 100퍼센트에 도달하지는 못할지라도 그 근방 어디쯤엔가 도착하려고 무던히도 애쓴다. 그러면 신기하게도 어느샌가 정말 그 근방 어디쯤 위치한 본인을 발견하게 된다.

그게 취업이라고 다르게 적용될까? 마찬가지다, 취업 또한.

한 가지 질문을 해보겠다. 당신은 A라는 회사가 정말 가고 싶다. 그런데 당신 학교에서는 지금까지 A사에 합격한 사람이 없다. 만약 당신이라면 어떻게 생각하겠는가? 다음 중 당신의 답은 몇 번인가?

1. "간 사람이 없다고? 그럼 내가 한 번 도전해볼까? 내가 처음으로 가면 되는 거지, 뭐. 까짓것 밑져야 본전인데 떨어지더라도 진짜 해볼 만큼 다 해보고 안 되면 어쩔 수 없는 거지. 떨어져도 미련 없게 최대한 해보자."
2. "거긴 우리 학교 안 뽑는다더라. 서류에서 다 거른다던데. 시간 낭비하지 말고 거기 쓸 시간에 다른 곳 두 군데 더 적는 게 낫겠지."

여태껏 내가 본 지방대 취업준비생들의 대답은 80퍼센트 이상이 2번이었다. 이미 마음에서 단정을 지어버린 것이다. '여긴 안 된다'고.

마음의 한계를 그렇게 정해놓으면 머리는 그것을 매우 빠르게 받아들인다. 당연히 안 된다는 것을 항상 염두에 두고 행동하기 때문에 그곳에 지원한다 해도 '에이, 안 될 거니까 대충 이렇게 쓰자. 이래 쓰나 저래 쓰나'라는 체념이 나도 모르게 깔리게 된다. 시작부터 최선을 다하지 않게 된다는 말이다. 마음가짐이 이만큼 중요하다.

다 안다. 너무나 어려운 이 취업바닥을.

그럼에도 불구하고 해보라는 것이다. 해보고 포기하는 것과 해보지도 않고 포기하는 것은 하늘과 땅 차이다. 진부하다고? 다 아는 말이라고? 유감스럽게도 다 아는 말이지만 실행하기란 늘 어렵다.

내가 이 책을 쓴 이유가 바로 그것이다. 이 어려운 여정을 같이 헤쳐나가자고. 박 터지는 취업 시장에서 '지방대'란 말을 들으며 먼저 힘들어했던 한 사람으로서 자신감과 텐션이 떨어질 때마다 이 책을 펼치며 '우리에겐 이런 강점이 있었지'라고 생각할 수 있도록 힘을 보태주고 싶어서. 조그만 용기를 모아 손에 쥐여줄 수 있을 것만 같아서. 그것이 커져 확신으로 바뀔 수 있게.

'뭐라도'가 쌓여 성취가 된다

사람은 한 번 성취의 맛을 보면 그 맛을 절대 잊지 못한다. 못할 것만 같았던 내 목표가 이루어지는 쾌거를 한 번이라도 이뤄본 사람이라면 그 도전의 맛을 잊지 못하고 자꾸만 도전하게 되어있다. 그 '한 번'을 가르쳐주고 싶은 것이다. 일단 한 번을 맛보면 그 뒤로는 누군가가 굳이 말하지 않아도 알아서 잘한다.

이제 목표를 잡아보자. 시작이 반이란 말이 있지 않은가. 일단 목표를 잡으면 반까지는 아니더라도 4분의 1은 한 거다. 그리고 생각하라. 이것을 해내고 감격에 겨워 있을 나를.

실제로 나도 많이 쓰는 방법이다. 허무맹랑하지만 그냥 막연히, 하고 싶은 일이나 목표가 있으면 자연스레 그걸 이룬 나를 떠올린다. 그럼 엄청나게 행복하다. '그걸 진짜 할 수는 없을까?' 하고 진지하게 고민하게 된다. 상상 속 목표를 이룬 나는 엄청나게 행복했으니까. 그 행복을 진짜로 누릴 수 없을까 진지하게 고민하는 것이다.

그러면 그 먼발치에 가기 위해 뭐라도 하고 있다. 그 '뭐라도'가 쌓여 '그 즈음'으로 당신을 안내해줄 것이다. 목표 설정이 이렇게나 중요하다.

당신의 목표는 무엇인가? 더 정확히는, 지금껏 우리가 이야기하고 있는 '취업에 관한 목표'는 어떤 것인가? 지금이라도 늦지 않았다. 이제까지와는 다른 자세로, 내가 목표를 너무 낮게 잡은

건 아닌지 셀프 체크가 필요한 때다.

마음 굳게 먹었는가? 그렇다면 각자의 목표를 설정하는 것부터 시작하자.

스펙보다 중요한 깡과 융통성

그렇게 간절히 바라고 바라던 입사를 위한 최종 관문은 면접이다. 기업은 면접에서 어떤 사람을 뽑으려고 할까? 여기에서도 여전히 스펙 좋은 사람을 뽑으려고 할까?

서류 전형을 거쳐 인적성을 통과하고 면접까지 왔다는 건 그 회사가 원하는 최소한의 입사조건 혹은 스펙을 갖추었다는 뜻이다. 면접의 문턱까지 온다고 참 고생 많았다. 그렇다면 면접에서 어필해야 할 부분은 뭘까?

많은 취업준비생이 착각하는 것이 있다. 면접에서도 여전히 스펙이 큰 비중을 차지할 것이라는 생각 말이다. 면접에서 나보다 학벌이나 스펙이 좋은 사람들을 만나면 괜히 그들에게 주눅이 든다.

그러나 명심하라. 여기까지 올라온 것은 당신의 스펙을 보기 위해서가 아니라 당신이 '함께 일하고 싶은 사람'인지를 거르기 위함이라는 것을.

내가 생각한 함께 일하고 싶은 사람이란 어느 정도의 '깡'과 '융통성'을 겸비하고 있는 사람이다. 흔들리지 않고 내 소신을 말할 수 있는 깡 말이다.

면접관에게 휘둘리지 마라

모의 면접에서 질문을 해보면 면접관이 말하는 대로 휘둘리는 경향을 보이는 친구들이 있다.

예를 들어보자.

"○○씨(여성)는 나중에 결혼하면 일도 해야 하고 살림도 해야 할 텐데, 일과 가정 중에 무엇이 더 중요하다고 생각하나요?"

이런 질문을 던지면 지원자는 면접관이 바라는 방향으로 대답한다.

"가정도 가정이지만 저는 제가 맡은 일을 책임지고 끝까지 하는 것이 더 중요하다고 생각합니다."

또다시 질문이 날아온다.

"가정이 제대로 굴러가지 않는데 일이 제대로 굴러갈 거라고 생각하나요?”

그러면 지원자들은 여기서 당황해버린다.

내가 모의 면접에 가서 취업준비생들에게, 특히 여성 지원자들에게 많이 하는 질문이다.

지금 우리 사회가 남녀평등을 외치고 있고 실제로 많이 개선되었지만 아직까지 한국사회는 여성들을 뽑는 데 있어 걱정거리가 많다. 여전히 남성보다는 여성이 가정의 살림을 도맡아 한다는 인식이 높아, 특히 제조업 같은 남초 회사에서는 여성 지원자에 대한 선입견이 강하다.

이 질문을 나도 받았었다. ‘현대로템’이란 회사에서였다. 그때 나는 스물세 살짜리 완전 초보 취업준비생이었고, 거기서 나 또한 이도 저도 아닌 선택을 하다가 탈락을 맛보았다.

면접장은 정해진 답을 말하는 곳이 아니다

면접관들이 궁금해서, 혹은 정해진 답을 듣고 싶어서 질문하는 것만은 아니다. 지원자의 소신을 알아보기 위해 떠보는 질문도 한다. 이때 ‘깡’을 가지고 차분히 본인 소신을 밝히면 된다. 아래처럼 말이다.

“저는 가정과 회사 둘 다 중요하다고 생각합니다. 하나만 선택하라고 하셨는데, 둘 중 하나만 잘된다면 나머지 한 가지도 저절로 잘 흘러가지 않을까 생각합니다. 가정이 만사형통이라면 직장에 와서 기분 좋게, 집중해서 일할 수 있을 것이고, 일이 잘되면 가정에서도 잘할 수 있을 것 같습니다. 가정에 있을 땐 가정에서, 회사에 있을 땐 회사에서 최선을 다하겠습니다. 피치 못할 사정이 생기면 그때 그 상황에 맞게 센스를 발휘하도록 하겠습니다."

둘 중 하나만을 선택하라고 한다고 꼭 하나만 골라서 대답할 필요는 없다. 면접은 답이 정해져 있는 것이 아니기 때문이다.

현대로템에서 면접을 하고 나와서 깨달았다. '내 소신을 가지고, 깡과 융통성을 가지고 면접을 봐야겠구나. 그러지 않다간 면접관들에게 휘둘리기 일쑤겠구나' 하고 말이다.

위와 같은 질문을 받으면 면접관에게 휘둘리지 말고 본인이 옳다고 생각하는 가치를 기반으로 대답하는 것이 좋다. 그러면 압박을 해와도 흔들리지 않고 소신껏 이야기할 수 있다.

융통성을 가져라

면접을 하다 보면 면접관이 압박질문을 하거나 말문을 턱 막히게 하는 질문을 할 때가 있다. 그러면 100명 중 90명은 다 당혹스러워 어찌할 바를 모른다. 어떤 말을 어디서부터 어떻게 해야 할지. "그것까진 생각을 못 해봤습니다"라고 대답하기엔 성의가 없는 것 같고 어떻게 해야 하나 정말 난처할 때가 있다. 그럴 때 빛나는 것이 바로 이 '융통성'이라는 것이다.

또 하나 예를 들어보자. 당신은 프레젠테이션 면접을 하는 중이다. 발표 내용을 다 듣고 난 면접관이 묻는다.

"○○씨가 생각해낸 이 설비를 우리 회사에 깔려면 얼마가 들까요?"

대부분은 여기서 말문이 턱 막히거나 머쓱하게 웃으며 그것까지는 생각을 못 해봤다고 대답한다.

그럴 때 이런 융통성을 발휘해보는 것은 어떨까.

"만약 이 설비가 하나당 10만 원(본인이 생각했을 때 적정한 수준 정도, 정답이 아니라도 괜찮다)이고 한 공장에 이 설비가 100개씩 깔린다고 쳤을 때, 그리고 회사에 이런 공장이 다섯 곳 있다고 하면 대략 5,000만 원 정도가 들 것 같습니다."

그 설비가 실제로 얼마인지, 그 공장에 설비가 몇 개 깔릴지, 공장이 몇 곳이나 있는지 등의 사실은 그다지 중요치 않다. 융통성을 발휘해 본인이 어떤 상황을 가정하고 계산한 액수를 이야기할 수 있느냐 못하느냐의 차이일 뿐. 그들은 정확한 팩트를 원하지 않는다. 고작 대학생인 당신에게서.

면접은 스펙을 판가름하기 위한 단계가 아니고 함께 일하고 싶은 사람을 뽑는 단계다. 서류 전형을 통과했다면 이미 당신은 그 회사에 들어갈 최소한의 조건을 갖추었다는 뜻이다. 그러니 주위 지원자들의 으리으리한 스펙에 기죽을 필요 없다.

다시 한 번 기억하자. 한 줌의 '깡'과 한 움큼의 '융통성'을 가지고 면접에 임한다면 당신도 '함께 일하고 싶은 사람'이 될 수 있다.

4차 산업혁명 시대,
기업의 채용 기준이 바뀌고 있다

세상은 참 빨리도 돌아간다. 눈 한 번 떴다 감으면 새로운 핸드폰 모델이 출시돼 얼마 전 새로 산 핸드폰은 어느새 구형이 되어 있다. 난 그대로인데 시간은 가고 있고, 자꾸만 나이는 먹고 있고, 기업들은 앞다투어 새로운 기술을 내놓고 있다. 뭐 이렇게 빨리 지나가는지 모르겠다.

'4차 산업혁명'이 이렇게 휙휙 돌아가는 세상을 부추기고 있다. 바로 이놈이.

'뭐 취업준비생이 이런 것까지 알아야 해?'라고 생각할 수 있다. 여기서 중요한 건 4차 산업혁명이 어떤 의미고, 발단은 어디에 있고 하는 팩트가 아니다. 이 '4차 산업혁명'이란 놈이 내가 먹고살기 위해 준비하는 취업에 어떤 영향을 주는지가 중요하다. 어쩌면 이렇게 눈 깜짝할 새 눈부신 발전을 하는 지금이 SKY가 아닌 우리에게는 단 한 번의 기회일 수 있다.

인간의 능력이 기계로 대체되는 시대

4차 산업혁명 시대에 '인간의 노동력은 기계로 대체되고, 인간은 스스로 가치를 증명해야 한다.' 이 말을 조금 더 쉽게 말하자면 사람이 몸으로 하는 노동, 혹은 머리로 하는 노동들이 점점 기계로 대체될 수 있다는 뜻이다. 사람을 쓸 때보다 인건비나 생산성의 변수가 훨씬 줄어들기 때문에 회사 입장에서는 기계로 대체하지 않을 이유가 없다. 노조의 극심한 반대는 크나큰 숙제가 되겠지만.

당장 내가 다니고 있는 우리 팀과 회사도 점점 변화하는 중이다. 나는 현대자동차 설계팀에 재직 중이다. 얼마 전 우리 팀 신기술 발표에서 자동 설계 기술을 구현했고, 이 기술로 더 복잡한 공정의 설계도 가능하다고 검증되면 여러 차종에도 적용할 것이라는 내용을 공유 받았다. 몇 차종에 테스트해본 후 안정화되면 설계자들을 점점 줄일 것이라고 한다. 또한 회사 전사 차원에서 스마트 팩토리를 추진 중이며 그것이 실제로 도입되었을 땐 현장 인력들마저 로봇이나 시스템으로 대체될 것이라는 전망이다.

이런 변화들이 이젠 너무나 가까이 와 있다. 바로 내가 눈으로 보고 있으니 말이다. 실제로 자동 설계를 통해 구현한 테스트 결과물을 팀원들이 모인 자리에서 영상으로 보여주는데 '아, 정말 바로 앞에 와 있구나' 하고 느꼈다.

몇 년 전 사물인터넷(IOT) 세미나를 다닐 때와는 분위기가 달라졌다. 그때는 신기술을 한 번 듣고 보고 검토하는 단계였다면 이제는 이런 신기술들이 분야를 불문하고 적용되고 있다.

핵심은 '플러스알파'다

얼마 전까지만 해도 학벌이 좋고 머리가 좋아 스펙을 마구 쌓는 것이 미덕일 때가 있었다. 그래서 학벌, 스펙이 취업과 대등관계를 이루었다. 오죽하면 '학점×토익=3600'이 되어야 한다는 말이 있었겠는가. 이 수식에 따르면 기본 학점 4.0점, 토익은 900점이 되어야 한다는 계산이 나온다.

지금도 여전히 스펙 좋고 학벌 좋은 게 좋긴 하다. 그러나 지금은 학점 4.0점이 못 되어도, 토익 900점을 못 넘어도 '플러스알파'가 더 중요하다. 지식과 스펙만 따지면 기계가 비교가 불가능할 정도로 훨씬 뛰어나다. 그 기계들, 그리고 나날이 발전하고 있는 시스템들이 최고의 스펙으로 날 데려가라고 시장에 떡하니 나와 있으니 취업이 곧 학벌이고 스펙인 시대는 지났다.

학벌과 스펙의 기준은 점점 줄어들고(아예 보지 않는다는 말은 아니다) 플러스알파가 많은 비중을 차지한다. 우리는 그 플러스알파를 공략해야 한다. 4차 산업혁명 시대가 지식의 격차를 줄여주고 사람만이 할 수 있는 부분을 중요시하게끔 하는 것이다.

4차 산업혁명 시대를 '강력한 인간의 시대'라고도 말한다. 누가 기계와의 경쟁에서 살아남느냐의 문제라고 덧붙이면서.

그러나 모두가 모두 알고 있듯이 이세돌 9단도 알파고에게 졌다. 이제는 인간이 기계를 이길 수 없다. 기계와의 경쟁에서 살아남으려면 인간이기에, 인간만이 할 수 있는 것들에 집중해야 한다. 인간의 융통성이나 센스, 인간미, 열정 같은 것들 말이다. 이런 자질을 갖추면 기계들과의 경쟁 속에서도 뒤지지 않을 수 있을 것이다. 이쯤이면 4차 산업혁명에 대해 내가 이렇게 열변을 토하는 이유를 알 것이다.

2장

대기업을 뚫은 저스펙 인재들의 비밀

때로 무식이 통할 때가 있다

"어떻게 이렇게 와닿게 말을 잘하세요?"

모의 면접관이자 청춘 멘토로 취업준비생들과의 시간을 보내다 보면 많이 듣는 말이다. 그러면 내가 꼭 들려주는 이야기가 있다. 그들은 그 이야기를 들으면 연신 "진짜요?"를 남발한다. 지금의 내 모습에서는 상상하기 힘들다고들 한다.

나는 아직까지 내 첫 모의 면접을 기억한다. 눈동자는 갈 곳을 잃고, 무슨 말인지는 잘 모르겠지만 숨도 쉬지 않고 끊임없이 말을 했다. 뭐라고 하는지 나도 잘 모르겠다. 말 그대로 '대략 난감'이다. 보는 사람이 다 불편하다. 그 당시 내 첫 모의 면접을 동영상으로 촬영했었는데 그걸 재생해서 보기가 두려울 정도였다.

그렇다. 그 정도로 나는 '면접 바보'였다. 그런 내가 어떻게 5~6곳의 대기업 면접에 합격하고, 회사를 다니면서도 5년째 청춘들의 모의 면접을 코칭해주고 있을까.

면접 위너로 가는 무식한 길

그 동영상을 재생해보고 정말 충격을 받긴 했나 보다. 그날 난 다짐했다. 면접만큼은 내가 자신 있는 종목으로 만들어야겠다고. 마지막 관문인 면접을 잘 보지 못하면 앞의 관문들을 잘 통과해도 말짱 도루묵이었기 때문에. 어떻게든 극복을 해야만 했다. 이건희, 정주영 회장이 내 앞에 앉아 있어도 옆집 아저씨라 생각하고 여유 있게 안 떨고 면접을 볼 수 있을 정도로 말이다.

소위 '면접 위너'가 되기 위해 말도 안 되는 것들을 많이 했다. 무식하게 말이다. 면접을 볼 때 가장 힘들었던 부분이 아이콘택트(eye contact), 면접관과의 시선 맞추기였다. 긴장한 탓인지 면접관들 눈을 제대로 쳐다보지 못했고, 쳐다본다 하더라도 몇 초 안 되어 천장을 바라보거나 아래를 보는 등 그들의 눈을 피하기 일쑤였다. 자신감이 없는 지원자라는 것을 얼굴에 써놓는 것과 마찬가지였다. 일단 그것부터 해결해야 했다.

막막한 심정으로 일단 면접 준비를 시작했다. 회사 인재상도

볼 겸 홈페이지에 접속했다. 그런데 홈페이지 첫 화면에 회사 소개와 함께 회사의 오너가 미소를 띠며 웃고 있는 사진이 있었다. 그 순간 번뜩 무식한 아이디어가 떠올랐다. 이거라도 보고 연습해볼까? 어쨌든 얼굴이니까. 사진이지만 내가 쳐다볼 눈도 있고. 그렇게 인터넷을 뒤져 임원들의 사진들을 캡처해 그림판으로 가져왔다. 그리고는 얼굴만 크게 잘라서 모니터 속에 임원 세 분을 앉혔다.

정말 무식의 끝을 달리는 행동이었다. 사진을 붙여넣기하고 있으면서도 내가 지금 무슨 짓을 하고 있나, 취업 준비하다가 정신이 나갔나 싶었다. 그러나 뭐라도 해야만 했다. 그것이 무식의 끝이라 할지라도. 난 그렇게 앉혀 놓은 세 명의 임원들과 지겹도록 시선을 맞췄다. 면접용 미소를 띠고 모니터 속 세 임원과 3분 자기소개를 했다. 실제 면접이라 생각하고 외운 티가 안 날 때까지 눈을 피하지 않으려 노력하며 매일매일 2~3시간 동안 그들을 만났다.

또 예상 질문들을 육성으로 녹음해 진짜 세 면접관이 내 앞에서 질문하는 것처럼 생생한 현장감을 주었다. 내가 외웠던 답변들을 최대한 자연스럽고 여유롭게, 무엇보다 눈을 피하지 않고 그들이 원하는 답을 들려주고자 노력했다. 그리고 면접을 준비할 때마다 동영상으로 면접을 보는 내 모습을 촬영했다. 그러면서 나도 모르는 습관들(머리를 만진다거나, '음… 솔직히 말하면' 하고 말하는 안 좋은 습관들)을 제3자의 입장에서 볼 수 있었다. 객관적으로 나의 모습을 보게 되니 '아, 이건 진짜 아니네. 의식적으로 안 하려고 해야겠다'라고 더 빨리 와닿아 자세나 습관들 또한 빠르게 고쳐나갈 수 있었다.

친한 선배 2~3명을 앉혀놓고 연습해보기도 하고 다시 모니터 속 임원들의 얼굴을 보고 연습한 지 5일째 되던 날, 세 면접관의 얼굴이 너무나 친근하게 느껴졌다. 하지만 그 연습을 하면서도 사실 반신반의했다. 이렇게 사진을 앞에 두고 연습한다고 실제로도 효과가 있을까?

대망의 면접 날, 정말이지 운명처럼 그 세 임원 중 한 사람이 내 앞에 앉아 있는 기적이 있었다. 그리고 나는 평소처럼 긴장하지 않고 모니터 속의 그 아저씨와 여유롭게 면접을 볼 수 있었다. 결과는 대성공이었다.

흔히들 '운이 좋았다'라는 말을 많이들 한다. 면접은 운이라고. 하지만 '운'이란 것은 후회가 없을 정도의 노력이 가져다주는 것이다.

'나는 원래'를 잊어라

타고난 성향 등의 요인들로 벽에 부딪힐 때가 있다.

'나는 원래 공간감각이 좀 떨어져'라고 하며 인적성의 공간

지각능력 부분을 빠르게 포기해버리고, '나는 원래 부끄러움이 많아서 사람들 앞에서 말을 잘 못해'라고 하며 똑같은 실수를 저지른다. 그러고는 어쩔 수 없었다고 한다.

여기서 빼야 할 것은 바로 '나는 원래'라는 말이다. '원래' 그런 것은 없다. 그만큼 무책임한 말도 없다. 인적성을 풀며 공간감각이 떨어져 도저히 해설만 봐서는 이해가 안 된다면 종이에 그려 가위로 잘라서 '이렇게 평면을 자르면 이런 입체도형이 되는구나' 하는 노력쯤은 해봐야 한다. 머리로 안 되면 직접 해보는 것이다.

취업하기가 힘들다고 여기저기서 떠들어대니 제풀에 지쳐서인지 그런 노력이 무의미하다고 생각해서인지, 해보지도 않고 포기하는 경우를 자주 본다. 정신 차리자. 우리는 조금 불리한 상황에서 시작했다. 이왕 시작했으면 무식하게라도 할 수 있는 건 모두 해보는 것이다. 나중에 후회 없도록. 떨어져도 '아, 이 정도 했으면 진짜 할 만큼 했다. 미련 없다'라는 마음이 들어야 한다. 그런 후련한 마음이 드는 사람이 몇이나 될까?

때론 무식이 통할 때가 있다. 그 수법은 은근히 많은 성공을 가져다준다. 확률도 높다. 돌아가는 것 같아도 가장 간단하고 기본적인 방법이 결국 그 답에 가장 빠르게 접근할 수 있도록 해준다.

잊지 말자. 무식한 방법도 한 방법이란 것을.

지방대생의 3대 무기, 넉살·애살·익살

당신은 당신만의 무기를 가지고 있는가? 나도 있었다. 그런 무기가.

좀 더 구체적으로 이야기하자면, 사람 좋기로 유명한 지인이 했던 기막힌 자기소개를 듣고 나서 나도 나만의 무기에 대해 진지하게 생각해볼 수 있는 계기를 가질 수 있었다.

그는 토익 점수가 없었다. 지방 사립대 출신, 학점 3.76점. 말 그대로 저스펙 중 저스펙이다. 그런 그가 삼성물산이란 대기업에 떡하니 붙었다. 그만의 대단한 무언가가 있을 것만 같았다. 짧은 그의 자기소개는 듣는 사람이 정말 뽑을 수밖에 없는 그런 것이었다.

지방대, 3.76점, 무토익 저스펙의 삼성물산 합격 비밀

그 학교 최초로 삼성물산의 경영 지원에 입사한 그를 소개해 보겠다. 그는 지방 사립대 경제학과 전공으로 학점은 3점 중반대, 토익 시험은 아예 보지도 않았다. 오픽 등급은 IL이었고, 일반사회·공통사회 교원 2급 자격증, 레크리에이션 1급 자격증을 보유했다. 대내외 활동이라고 해봐야 대학 정치경제학연구회, 국제영화제 자원봉사, 지역 아동센터 멘토링, 대학 글로벌 멘토 프로그램 참여가 전부였다. 아르바이트 및 활동으로는 '준딜리셔스'라는 분식몰을 창업하고 국내 관광 가이드를 했으며, 학원 강사 3년, 외국인 의전 등을 했다. 그의 자기소개를 살펴보자.

면접관님, 저는 뱃살만 있는 게 아닙니다. (참고로 풍채가 꽤 있는 편이다.) 또 다른 세 가지 살이 있습니다.

첫째 넉살이 있습니다. (사람 좋은 웃음을 보이며) 주변에서 저를 '넉준'이라고 부를 정도로 넉살과 인정이 있습니다.

둘째 애살이 있습니다. 3년간 관광 가이드를 했고, 애살을 가지고 제 역할을 하다 보니 고객님들의 요청으로 제 이름을 건 가이드 상품도 만들었습니다.

셋째 익살이 있습니다. 저는 특유의 익살스러움으로 팀의 사기를 높이고 우리 삼성물산에서 패기 있게 일하겠습니다.

꼭 지켜봐주세요.

면접을 보러온 그 많은 지원자 중에 그는 유일한 지방대생이었다. 그러나 그처럼 자기를 소개한 지원자는 아무도 없을 것이다.

그는 성실함, 리더십 등을 강조하는 뻔하디뻔한 자기소개보다 본인과 찰떡같이 맞아떨어지고 자신을 확실히 보여줄 수 있는 자기소개를 했다. 나머지 면접을 보러 온 지원자들은 다들 SKY 출신에 표준어를 사용하는 서울사람의 표본 같은 반듯한 스타일이었다.

그러나 그는 달랐다. 그만의 경상도 스타일에 승부를 건 것이다. 다른 장에서도 몇 번 강조했듯 '같이 일하고 싶은 사람' 콘셉트 말이다.

본인은 뱃살만 있는 것이 아니라며 본인의 풍채 있는 캐릭터를 익살스럽게 표현해 면접관들에게 실소를 머금게 하는 센스를 보여줬고, 그 이후 '세 가지 살'이라는 콘셉트로 자기소개를 이어나갔다.

모두의 무기가 되어야 할 '세 가지 살'

넉살, 애살, 익살의 세 가지 살은 그와 나뿐만 아니라 취업준비생 모두의 무기가 되어야 한다.

첫째로 넉살은 매우 중요하다. 네이버에 '넉살'이란 단어를 쳐

보면 '부끄러운 기색이 없이 비위 좋게 구는 짓이나 성미'라고 나온다. 흔히들 '넉살이 좋다'라고 하는 사람들치고 성격이 좋지 않은 사람들은 없다. 오죽하면 옛말에 '넉살 좋은 놈, 어디 가서 굶어 죽진 않겠다'라는 말이 있겠는가. 지식을 어필하는 것보다 넉살이 좋음을 은연중에 드러내는 것이 더 먹힐 수 있다.

둘째는 애살이다. 부산 사투리 중에 '애살'이란 말이 있다. 무어라고 딱 꼬집어서 말할 수 없는 것을 지칭하는 이 단어는 서울말이나 다른 지역의 말로 대체가 불가능하다. 내가 개인적으로 사용하는 애살의 뜻은 '본인이 하고자 하는 것이나 결심한 것을 잘 해내고자 하는 욕심과 애착'이다. 해내보겠다는 마음은 이 책을 읽고 있을 취업준비생이라면 기본으로 가지고 있을 것이다.

세 번째로 익살이 있다. 익살은 유머러스함을 말한다. 유머는 사람들과 관계를 맺을 때 분위기를 유연하게 만들어준다. 그래서 같이 일하고 싶은 사람들의 특징 중 하나가 유머러스하다는 점이다. 친구들 사이에서도 재미있는 친구가 인기가 많지 않은가. 출근만으로도 충분히 피곤한 직장생활에서 비타민 같은 사람은 반드시 필요한 사람이 아닐까.

우리만의 무기를 쌓아가자. 남들 말고 본인만이 풍길 수 있는 냄새 말이다. 없는 것이 아니다. 찾지 못했고 찾으려 하지 않았을 뿐. 그게 꼭 위의 세 가지일 필요는 없으나 저스펙이 고스펙을 이기려면 탄탄한 무기는 쥐고 덤벼야 한다. 숫자적인 스펙 말고 경험적 스펙, 그리고 본인만의 특별한 강점을 잘 알고 표현해낼 수 있는 표현력 말이다.

자, 싸워서 이길 수 있는 당신만의 무기는 무엇인가?

대학교의 혜택을 똑똑하게 챙겨 먹어라

"내가 진짜 대학만 가봐라. 미친 듯이 놀 거야."

대부분의 고3이 야자를 마치고 학원이란 강행군을 더하며 이렇게 이를 바득바득 갈았을 것이다. 그래서 그런 것일까? 정말 미친 듯이 놀기만 하는 사람을 많이 봤다.

1학년 땐 신입생 환영회에 참석하고 여러 동아리에 가입해 훈남 선배, 걸 그룹을 닮은 누나를 기대하며 대학 생활 1년의 반은 술을 마시며 보낼 것이다. 여태껏 누리지 못했던 억압된 나를 풀어주며 원 없이 놀아보는 것을 목표로 말이다. 물론 요즘 취업난이 심해 1학년 때부터 취업을 준비하는 친구들도 있다고 듣긴 했지만 흔치는 않다. 아마 대부분의 대학교 1학년 신입생의 모습이 별반 다르지 않을 것이다.

물론 그 자유를 만끽하지 말라는 것은 아니다. 하지만 1년이면 충분하지 않은가? 술 마시고 공강 시간에 카페에서 수다 떨고, 당구장 가서 짜장면 한 젓가락 먹고 한 큐 치고, PC방 가고 그러면서 시간을 있는 마음껏 사용하면서 나를 놓아주는 것은 1년으로 충분하다.

1년 동안 질리도록 그 생활을 했으니까 나머지 3년 정도는, 혹은 2년 정도는 대학교에서 주는 선물에 관심을 가져보자.

내가 낸 등록금, 똑똑하게 챙겨 먹자

지금이나 예전이나 등록금이 어마어마하다. 심지어 사립대라면 한숨부터 나온다. 한 학기 다니는 데 뭐 그렇게 비싼지. 그만큼 배워가는 것 같지도 않은데 말이다. 술 마시고 땡땡이치는 강의도 많고 수업에 들어가서 잠도 많이 자는데 숙박료치고는 너무 비싼 것 같다. 그러면 내가 낸 등록금을 어디서 뽑아 먹어야 할까?

학생들이 낸 등록금으로 교수들의 월급을 주고도 남는다. 그 남는 돈을 잘 사용하기 위해 많은 교직원과 학교의 임원이 고민해 프로그램을 만들고 등록금을 쓸 궁리를 한다. 작게는 봉사활동부터 시작해 크게는 국가에서 지원해주는 자금으로 해외 대기업에 인턴으로 가는 기회까지 다양하다.

그러나 학생들은 그다지 관심이 없는 것 같다. 내가 학교 다닐 때만 해도 그런 제도들이 있다는 것조차 모르는 사람들이 태반이었고, 꼭 하는 사람이 다른 것들도 지원해서 결국 좋은 기회들을 독식하는 것을 참 많이도 봐왔다. 그러나 그들을 욕할 것이 아니다. 나머지 사람들이 관심을 두지 않은 무관심의 결과니까.

나도 학교의 혜택을 톡톡히 챙겨 먹은 사람 중 한 명이다. 우연한 기회로 학교가 지원하는 좋은 프로그램을 접하게 되었고, 그 이후로는 나에게 도움이 될 만한 좋은 기회에 다 지원했다.

첫 기회가 중국에 '과학 교육 봉사활동'을 가는 것이었다. 전산실에 리포트를 뽑으러 갔다가 기다리는 김에 학교 홈페이지를 들어가 봤는데 마침 봉사활동 프로그램 참가자를 모집하고 있는 것을 보았다. 아무 생각 없이 지원하고 잊고 지냈는데 면접을 보러 오라고 문자가 왔다. 과방에서 동기들과 놀다가 면접 시간이 다 되어 정말 가벼운 마음으로 핸드폰 하나 딸랑 들고 면접을 보러 갔었다.

그런데 웬걸. 다른 사람들은 무슨 노트북이나 A4용지에 중국어로 자기소개를 준비하거나 예상 질문을 뽑아서 대기실에서 달달 외우고 있는 게 아닌가. 진심으로 도망가고 싶었다. 면접장에 들어가서 망신을 당할 게 불 보듯 뻔했기 때문이다. 그러나 고민을 하던 순간 내 이름이 불렸다. 그렇게 난 억지로 면접장에 들어가게 되었다.

돌이켜보면 그 순간이 얼마나 고마운지 모른다. 나가려는 순간 내 이름을 불러준 것이 얼마나 감사한지. 이왕 이렇게 된 거 모르면 모른다고 솔직하게 이야기하자며 부담 없이 임하기로 했다. 공대생 지원자들이 많이 없어서 그랬는지 나는 인문대 학생들이 대부분인 참가자들 속에 끼어 첫 번째 기회를 얻을 수 있었다.

학교의 지원 프로그램을 공략하라

그 이후로는 심심하면 학교 홈페이지에 들어가서 또 어떤 재미있는 프로그램이 있는지 유심히 보았고 학교에서 지원을 해주는 돈으로 많은 경험을 해보았다. 어쩌면 숫자로 말할 수 없는, 정형화될 수 없는 그런 경험들이 지방 사립대 여자 공대생을 많은 대기업에 최종 합격하게 해준 실마리가 아닐까 생각해본다.

실제로도 대기업에 입사한 지방대 출신들을 보면 학교가 지원해주는 프로그램을 똑똑히 챙겨 먹은 사람들이 많다. 그만큼 많은 경험을 하면 그 사람의 사고와 시야가 넓어진다.

대학생 때는 학생이란 신분에 부모님께 용돈을 타 쓰니 경제적으로 변변치 않다. 해외로 여행도 다니고 싶고 이것저것 하고 싶은 건 많은데 돈이 없다. 등록금도 부담인데 부모님께 더 이상의 지원을 받기엔 너무 염치없어 보이고. 바로 그럴 때 학교를 이용하면 된다. 어차피 내가 낸 등록금이다. 그 등록금을 똑똑하게 회수하라는 말이다.

생각해보면 직장인 5년 차인 지금에도 그때의 추억들이 참 많은 것을 느낄 수 있었던 소중한 경험이라는 사실을 다시금 깨닫는다. 잊지 못할 추억이 될 뿐만 아니라 토익이나 학점으로는 채울 수 없는, 내 몸으로 겪어낸 내 몸이 증명한 진정한 스펙이 생기는 것이다.

지금 바로 학교 홈페이지에 접속해보는 게 어떨까? 이 순간에도 많은 프로그램들이 날 좀 써먹어달라고 당신을 기다리고 있다.

남들 다 하는 것 말고 나만의 경험을 팔아라

요즘 취업준비생들을 보면 누가누가 더 스펙을 많이 쌓나 내기를 하는 것처럼 '스펙 쌓기'에 열중하고 있다.

그렇다면 스펙이란 무엇인가? 토익 900점 넘기기, 오픽 IH 등급 받기, 학점 4.0점 이상 받기? 간단하게 수치화되는 것들이 대부분이다. 하지만 취업준비생 모두가 가지기 위해 노력하는 이런 스펙으로는 차별화를 주기 쉽지 않다. 정말 엄청난 고득점자가 아니라면 토익 50~100점 차이나 스피킹 한 등급 차이, 그리고 평균 학점 0.1~2점 차로 당락 여부가 결정되지는 않는다. 게다가 점수를 올리는 데 많은 시간과 돈을 투자해야 하기 때문에 '숫자 스펙' 올리기는 그다지 추천하고 싶지 않은 방법이다.

우리는 완벽할 수 없다. 저 모든 조건을 충족시키고 취업 준비를 할 수 없기 때문에 선택과 집중을 해야 한다. 나는 수치화된 점수를 올리려고 많은 시간을 쓰는 대신에 정말 본인만이 할 수 있는 경험을 하라고 조언한다. 물론 시간이 한정되어 있고 그 시간에 가장 효율적으로 어필할 수 있는 방법을 말하라는 가정 아래 말이다.

길이 없다면 조금씩 파기 시작하라

좀 더 이해하기 쉽도록 나의 경험담을 풀어 써보겠다.

나는 취업준비생 때부터 어떻게 '나'라는 사람을 차별화할지 많은 고민을 했었다. 나의 상황과 조건은 차별화되지 않으면 승산이 없어 보였다. 남들이 다 가지고 있는 것 말고 나만이 할 수 있는 그런 진솔한 에피소드들, 심지어 실패했던 경험까지도 최대한 다 끌어모아 생각해보았다.

대우조선해양에서 주최한 공모전을 준비할 때였다. 사실 내 전공 중 해양플랜트나 선박에 관련된 부분이 없었기에, 공모전 준비라고는 교수님을 찾아가서 질문하거나 인터넷을 뒤지는 정도가 다였다. 별 진전이 없었다. 처음 취업을 준비할 당시에는 중공업에 관심이 많았고 내가 처음 도전해보는 공모전이기에 어떻게든 잘하고 싶었다. 게다가 공모전 입상은 다른 것들과는 비교가 안 될 정도로 좋은 스펙이었기 때문에 이력서에 한 줄을 멋있게 쓰고 싶은 마음이 컸다.

일단 조선·해양 관련 전시회 및 박람회를 다 뒤졌다. 관련 행사는 주로 부산, 창원 등에서 개최되었고, 갈 수 있는 곳은 다 돌아다녔던 것 같다. 그러다가 '국제 조선 해양 박람회'에서 조선·해양 빅3(대우조선해양, 현대중공업, 삼성중공업)의 직원들만 참가할 수 있는 세미나를 열고 있다는 표지판을 보았다. 궁금했다. 내가 가고 싶은 꿈의 기업 직원들이 모여서 듣는 세미나가.

일단 그 세미나가 진행될 부스를 찾아갔다. 서성거리면서 입장하는 곳을 유심히 봤는데 따로 임직원 체크는 하지 않았다. 현대중공업 명찰을 한 사람들 한 무리가 입장하려고 할 때 순간 나도 모르게 거기 끼어서 몰래 입장을 했다.

지금 생각해도 왜 그랬나 싶다. 다시 돌아간다면 그렇게 못 했을 것 같기도 하다. 어린 나이의 패기와 간절함이었지 않을까. 그렇게 직원인 척 몰래 세미나를 듣고 있었다. 한 1시간 지났을 때쯤 공모전 주제와 비슷한 주제로 넘어가게 되었다. 세미나가 끝난 후 발표자는 "질문 있으면 질문 받겠습니다"라고 했다. 지금이 아니면 전문가에게 의견을 들을 수 없을 것 같아 눈치를 보며 손을 들었다. 공모전 주제와 관련된 궁금한 부분을 물었고 발표자는 나의 질문에 PPT를 다시 되짚어가면서까지 친절하게 답변을 해주었다.

그런데 세상에 이게 무슨 일인가. “어디서 오셨어요?”라고 묻는 게 아닌가. 어디 직원이냐고 물을 거라고는 상상도 못했다. 갑자기 얼굴이 빨개졌다. 내 간은 거기서까지 거짓말을 할 수 있는 정도는 아니었나 보다. 빨개진 얼굴로 “저… 죄송한데 어디 직원은 아니구요. 대학생인데 지나가다가 너무 궁금해서 듣게 되었습니다. 죄송합니다”라고 하는데 사람들이 일제히 다 나를 쳐다보았다. 그러고는 갑자기 웃기 시작했다. 발표자는 “와, 열정이 대단하네요. 부끄러워할 것 없어요. 더 궁금한 거 있음 언제든 물어보시라고 선물로 제 명함을 드리겠습니다. 실무자들도 궁금해하지 않는 것을 대학생이 질문하네요. 기특하지 않습니까”라며 직원들을 향해 이야기했다. 그 발표자는 서울대학교 교수였다.

그 사건이 인연이 되어 나는 공모전을 준비하면서 궁금한 점이 생기면 메일을 통해 그 교수에게 질문하는 등 많은 도움을 받았고, 공모전을 잘 마칠 수 있었다. 비록 입상은 못 했지만 말이다.

‘나’라는 상품을 차별화하기

인생은 참 신기하다. 간절히 바라면 된다. 그냥 되는 건 아닌 것 같고, 간절히 바라면 그것을 위해 뭐라도 하게 되고 그것이

쌓여 나비효과처럼 큰 선물이 되어 돌아온다.

현대중공업에 지원할 때 지원서에 '조선·해양 공모전 참가'라고 적었다. 면접 날 면접관이 질문했다. "공모전 참가라고 되어 있는데 입상은 못 하셨나 봐요? 그럼 그 공모전을 위해 제일 크게 했던 노력은 어떤 게 있나요?"라고 물었고, 나는 몰래 그들의 세미나를 훔쳐 듣고 질문하다가 걸렸던 에피소드를 이야기했다.

진짜 나의 스펙, 아무도 가질 수 없었던 나만의 스펙 말이다. 면접관이 이렇게 말했다.

"아, 그때 그 친구였구만."

그렇게 나의 첫 번째 직장인 현대중공업에 입사할 수 있었다.

입사 동기 250명 중 여자는 대략 10명 남짓이었다. 게다가 나는 여자들 중 유일한 지방대생이었다. 난 학점을 제외하고는 그렇다 할 만큼 뛰어난 스펙이 없었다. 하지만 여러 경험을 통해 쌓은 에피소드는 누구보다 풍부했다.

대부분의 제조업은 여자를 선호하지 않는다. 제조업 특성상 현장에 직접 나가야 하고, 현장 관계자들을 살펴야 한다. 몸 쓰는 일은 남자들도 힘들어하므로 여자를 선호하지 않는 현상은 당연하다.

그랬던 내가 당당히 합격할 수 있었던 건 남들과는 달랐던, 나만이 할 수 있었던 '세미나 도강 사건'이 크게 한몫했다고 생각한다. 만약 학교 탓, 스펙 탓, 여자인 탓을 하며 아무것도 하지 않았다면 정말 아무 일도 일어나지 않았을 것이다.

전공이 무엇이든 상관없다. SKY 같은 메이저 대학이 아니라면 주어진 상황이 썩 좋은 편은 아니다. 나처럼 말이다. 그 상황을 반전할 만한 무언가, 학벌과 환경을 능가하는 나만이 가질 수 있는 스토리를 찾아야 한다. 조금이라도 관심이 있는 분야가 있다면 일단 몸으로 부딪쳐라.

경험을 이길 스펙은 없다. 결과가 실패라고 하더라도. 그 과정까지 모두 당신의 '진짜 스펙'이 되어 있을 테니.

쫄지 마라, 고스펙도 별반 다를 게 없다

우리는 보통 서울대, 연세대, 고려대 등 좋은 대학을 다니고 있는 사람들에게 굉장한 경외심을 느낀다. '와, 대체 수능에서 몇 개를 틀려야 저기에 갈 수 있는 거야?'라는 생각을 하며 신기한 눈빛으로 쳐다보고는 한다.

첫 번째 회사인 현대중공업에 입사하고 나서 정말 많은 동기들이 서울대, 연·고대, 카이스트 등 대단한 대학을 졸업하고서 나와 같이 신입사원 오리엔테이션 자리에 앉아 있는 것에 놀랐다. 두 번째 회사인 현대자동차에서는 서울의 유명한 공대에 다니던 동기가 큰돈을 들여 스피치 학원을 다니면서까지 면접 준비를 했다는 말에 또 놀랐다.

놀아도 얻는 것이 있다

고등학교 때 그들의 위치와 우리의 위치는 사실상 따라잡기 힘든 그런 격차였다. 잠을 줄이고 줄이며 SKY를 목표로 죽어라 공부에 전념하는 전교 상위 1퍼센트와는 감히 비할 게 못 되었던 것이다. 그러나 지금 나와 그들의 격차는 거의 없다. 똑같은 날 입사해 똑같은 연차의 동기가 되었다. 훗날 세월이 지나 과장, 차장이 되었을 때쯤이면 이 사람이 어디를 졸업했고 어디 출신이고는 더더욱 까맣게 잊히고 그냥 똑같은 조직의 구성원, 그 직급의 사람이 된다.

그러므로 취업을 준비하면서 명문대에 다니는 경쟁자에게 쫄지 않아도 된다. 그들은 훗날 나의 동료가 될 사람들이고 그들과 나는 함께 일할 사람이기에. 그들도 우리처럼 흥 많고 노는 것 좋아하고 예쁜 여자, 잘생긴 남자 좋아하는 평범한 사람이므로.

그들은 고등학교 때 우리보다 훨씬 많은 노력으로 그 위치에 갔다. 그러므로 사회에 나왔을 때 그들을 보는 시선이 다른 것쯤은 덤덤하게 받아들여야 한다. 대신 우리에겐 다른 강점이 있지 않은가.

그들이 미친 듯 공부할 때 우리는 뭐 했나. 노래방 가서 놀고 친구들이랑 야자 시간에 떠들고 놀고, 남자들은 축구하고 농구하고. 어떻게 보면 고등학교 때 친구들과의 모임도 '작은 조직'이라고 볼 수 있다. 캐릭터가 다른 여러 사람이 만나 같이 생활하고 있으니 작은 규모의 사회생활이다. 조직처럼 상하관계는 아니지만 간접적으로나마 우리는 친구들과 더 많이 대화하고 바깥에서 몸으로 놀면서 융통성과 친화력을 터득한 것이다.

그냥 지나가는 시간은 없다. 설령 그냥 놀더라도 사람은 무언가를 얻어가기 마련이다. '공부'라는, 우리에겐 다소 지루한 종목과는 달리 내 몸이 편하고 머리 아프지 않은 '놂'을 선택함으로써 얻어가는 것 또한 분명히 있다. 그것이 크든 작든 간에.

인생의 출발선이 약간 뒤에 있다고 해서 도착선에 늦게 들어가란 법은 없다. 앞서 가다가 중간에 지치는 사람도 있을 것이고, 페이스 조절을 잘해 탄력받아 더 쭉쭉 나아가는 사람도 있기 마련이다. 물론 대기업 입사에 따라 성공한 인생, 성공하지 못한 인생이라는 식으로 이분법적으로 나누어 생각할 수는 없다. '취업'이라는 목표만을 놓고 봤을 때를 전제로 하는 이야기이므로 단순 비교일지라도 너그럽게 이해해주기를 바란다.

지방대생에게는 지방대생만의 장점이 있다

다행스러운 점을 꼽으라면 정부에서도 '블라인드 채용' 등 학벌의 선입견을 없애기 위해 제도를 마련했다는 것이다. 그 제도가 실제로 잘 이행되는지, 몇 퍼센트의 지원자들이 블라인드 채용으로 합격했는지 등을 떠나서 일단은 정부에서도 그런 격차를 해소하기 위해 노력하고 있다는 점은 다행인 것 같다.

한 가지 더 반가운 점은 우리의 강점이 잘 먹혀들어가는 직무가 따로 있다는 것이다. 바로 지방에 거처를 둔 직무들, 예를 들면 노무 관리(현장인사), 생산 기술 등의 직무 말이다.

물론 서울의 유명 대학을 나온 지원자들도 어느 정도 있기는 하다. 하지만 수년간의 경험 끝에 기업 인사팀은 깨달은 것이다. 지방 근무지에서는 지방대 출신 지원자들의 적응력과 근속이 높다는 사실을.

울산을 예로 들어보자. 예전만 해도 사람을 뽑을 때 스펙을 주로 보았기에 학벌도 크게 한몫했다. 하지만 그들을 뽑아 울산이라는 지방에 데려다 놓으니 문제가 발생했다. 아는 사람 한 명 없는 낯선 곳에서 일하는 데다, 서울과는 너무나 차이 나는 여가·문화 환경에서 지내야 한다는 점, 그만큼이나 배웠는데 여기서 이런 일을 한다는 허탈감 등이 큰 문제였다. 대표적으로 이 세 가지 문제 때문에 입사 1~2년 만에 퇴사하는 명문대 출신 동기들을 수도 없이 보았다. 인사팀은 오죽했으랴. 그래서 그런 현실적인 부분을 고려해 지방대 학생들을 많이 뽑으려고 한다. 지방 근무지에는 특히나. 우리도 승산이 있는 것이다.

취업도 전략이고 확률 싸움이다. 원하는 직무가 있더라도 일단은 그 회사의 일원이 되고 나서 협상 테이블에 앉으면 되는 것이다. 아직 지원자인 입장에서는 마냥 하고 싶다는 말만으로 면접관을 설득할 수 없다. 그들은 나를 뽑지 않아도 그만인 것이다. 하지만 이미 뽑힌 '우리 직원'이 원하는 직무라면 말이 달라진다. 요청하는 대로 다 되진 않겠지만 티오(TO)가 있는지, 혹은 경험적 부분에서 신입사원이 갈 만한 곳인지 협의라도 해볼 수는 있을 것이다.

쫄지 마라. 별반 다를 게 없다. 우리에겐 우리의 전략이 있고 강점이 있다. 사회는 똑똑한 사람만 필요한 것이 아니다.

나무를 쓰러뜨리는 도끼 근성을 가져라

이 책을 쓰면서 내 취업 수기, 그리고 나와 취업 준비를 함께했던 지인들의 취업 수기를 다시 읽어보았다. 예전에 취업 준비로 함께하던 시절들이 주마등처럼 스쳐 지나가는 것만 같아 감회가 새로웠다. 취업 준비를 하며 고락을 함께했던 그들과 오랜만에 취업준비생 시절을 떠올리며 이런저런 이야기를 했다. 참 엊그제 같은데 벌써 꽤 오랜 시간이 흘렀다며 다들 웃음을 터트렸다.

지금 돌이켜보면 그들 또한 대단한 열정을 가지고 남들과는 전혀 다른 방법으로 취업에 성공했다. 지금부터 내가 취업준비생 때부터 정말 특별하다고 생각했던, 유일할 수밖에 없는 내 지인 한 사람의 사례를 소개할 것이다.

남들과 다른 스토리를 쌓아라

그 특별하고도 유일한 지인은 지방 사립대 건축공학 전공이었고, 대우조선해양에 입사했다. 그의 이력은 다음과 같다.

- 개인 블로그에 16개월간 대우조선해양 기사 스크랩
- 대우조선해양을 한눈에 조망할 수 있는 옥녀봉 및 현장 견학을 통한 영상물 제작
- 옥녀봉 4회 등반
- 대우조선해양 현장 견학 5회 및 투어 대본 복원
- 대우조선해양 홈페이지 게시판에 야드 주변 파손 시설물 수리 요청 글 게시
- 대우조선해양 관련 기사 내용을 다룬 포트폴리오 3개 제작
- 대우조선해양 로고 맞춤 티셔츠 제작
- 대우조선해양 직무교육 2회 참가
- 경북대학교 대우조선해양 채용설명회 참가
- 동아대학교 대우조선해양 채용설명회 2회 참가
- 부산대학교 대우조선해양 채용설명회 참가
- 한국플랜트산업협회 해양플랜트 강사(김강수 전 대우조선해양 부사장)와 이메일 서신

이것이 그가 남들과 다르게 걸어온 진정한 스펙이다. 그는

"이것이 제 진정한 스펙입니다. 그렇게 이야기할 수 있는 이유는 면접에서 남들과는 다른 스토리로 말할 수 있는 아이템이 모두 여기에서 나왔기 때문입니다. 남들이 하니까 따라 하는 그런 스펙보다는, 차별화 시대에서 살아남을 수 있는 진정한 스펙이 필요합니다"라고 말한다.

그는 '대우조선해양'이라는 회사에 정말 입사하고 싶어 했다. 그에겐 꿈의 회사였기에 정말 일하고 싶은 그 직장에 입사하기 위해 누가 보면 참 말도 안 된다고 생각할 수도 있는 것들을 묵묵히 자기만의 스펙으로 만들어 나갔다.

1년 4개월 동안 대우조선해양과 그 경쟁사의 기사들을 스크랩한 블로그를 운영했으며, 회사 내부에서 유일하게 방문객에게 공개된 현장 견학의 투어 대본을 복원하기 위해 5번 넘게 거제도에 있는 대우조선해양 조선소를 찾았다. 회사를 내려다볼 수 있는 옥녀봉도 자주 찾아가 그만의 영상 제작도 했다. 그뿐인가. 자기 학교에서 열리지 않았던 채용설명회까지 다 쫓아다녔다. 화려한 스펙보다 '발로 뛰는' 스펙 쪽을 선택한 그는 회사가 안 뽑고는 못 배기는 사람이었다.

도끼 근성을 보여라

저 수많은 특별한 스펙들 중 가장 자신 있는 스펙이 무엇이라고 생각할까? 그와 함께 한 인터뷰 내용을 살펴보자.

> 제 최고의 스펙은 단연 대우조선해양만을 위해 운영한 블로그라고 생각합니다.
>
> 옥녀봉 등반 4회, 현장 견학 5회, 채용설명회 4회, 직무교육 2회 등 제가 참여한 많은 준비과정을 모두 이력서에 기재할 수 없었기 때문에 블로그를 활용해 대우조선해양 직원분들, 그리고 취업준비생 여러분과 소통할 수 있는 공간을 만들었습니다. 실제로 동아대 채용설명회보다 일주일 앞서 실시한 경북대 채용설명회를 갔을 때 인사과 대리님께서 저의 블로그를 이미 자주 방문하셨다는 말을 들었습니다. 인사팀에서 자신의 회사를 위해 준비하는 사람의 블로그는 귀신같이 찾아서 본다는 말을 듣고 이후 더욱 열심히 준비했습니다.
>
> 항상 누군가에게 무언가를 추천하고 자극시키는 것이 저의 취미였습니다. 하지만 쉽게 추천하지 못하는 것이 블로그입니다. 금방 질리고, 귀찮고, 재미도 없어서 한 달도 가기 힘들기 때문입니다. 하지만 취업의 지름길이자 최고의 명약이기 때문에 만일 목표로 하는 기업이 하나로 정해진 경우라면 더욱더 간절한 실행력으로 도전해봅시다.

그렇다. 인사팀은 이미 그의 블로그를 방문했었고 그의 존

재도 알고 있었다고 한다. 그들도 그런 지원자는 처음 봤을 것이다.

그가 했던 것처럼 하라고 권할 마음은 없다. 한 회사만을 바라보고 나아간다는 것 자체가 쉽지 않고 힘든 길이기 때문이다. 다만 특별하고 유일한, 그 사람만의 '진정한 스펙'이 어떤 것인지 방향을 제시하고 싶을 뿐이다. 바늘구멍도 틈이 있다.

점점 더 심해지는 취업난 속 의욕을 상실해가고 있는 것만 같아서 속상하다. 지방대 취업준비생들을 만날 때마다 점점 그런 생각을 하게 된다. 이러한 막막한 현실에 더욱 엄두를 못 내는 것 같고 이미 학벌이란 선입견으로 안 될 것이라고 마음속에 결론을 내려둔 것만 같아 속상하다.

마지막으로 하고 싶은 말이 있다. 열정 가득히 본인만의 길을 걸어가 취업에 성공한, 함께 취업을 준비했던 지인이 저스펙 후배들에게 해주고 싶은 말이라고 한다.

"여러분, '도끼'가 되시길 바랍니다."

바늘처럼 날카로운 게 높은 학벌이라면 비록 무디지만 큰 나무를 쓰러뜨리는 도끼 근성을 보여달라는 것이다.

놀더라도 의미 있게 놀아라

의미 있게 놀아라? 이런 이야기를 들으면 '뭐 어떻게 놀아야 의미 있게 노는 거지?' 하는 생각이 들 것이다. 하지만 의미 있게 노는 것도 그리 어렵지만은 않다. 뒷고기에 소주 한잔하러 모이는 대신 마라톤을 같이 뛰거나 바람도 쐴 겸 박람회를 보러 가는 정도로도 충분하다.

대학생들이 논다고 이야기하면 흔히 술 한잔하기 위해 만나는 게 대부분이다. 애주가의 한 사람으로서 술을 먹지 말라는 얼토당토않은 이야기를 하려는 게 아니다. 나도 소주를 참 좋아한다. 술은 나의 즐거움과 슬픔의 순간에 늘 함께 있었다. 술이란 이제 막 성인이 된 이들의 특권이기도 하므로. 심지어 잘만 마시면 속에 있는 이야기를 꺼내게 하는 마법 같은 힘도 있다.

그러나 그렇게 술을 좋아하는 나도 한 2년 정도 술 마시며 노니 별로 재미가 없었다. 만나면 하는 이야기는 다 비슷하고, 결국 술이 술을 마시게 하다 보니 다음날 일어나보면 남는 거라곤 숙취와 늘어난 체중밖에 없었다.

그때부터 좀 다르게 놀 생각을 했었던 것 같다. 재미있게 놀 수 있는 무언가. 노는 것은 좋아하는데 이렇게 술만 마시면서 노는 것은 지겹고. 그래서 자꾸 어딘가 나다니기 시작했다. 국제 드래곤 보트 대회 참가하기, '다이아몬드 브릿지를 걷다' 진행 요원으로 일하기, 마라톤, 공모전 참여하기, 박람회 가기 등등.

생각보다 정말 재미있었다. 처음 해보는 이런 것들, 어디를 같이 가서 듣고 보고 하는 일들이. 함께 취업을 준비하던 친구들을 하나로 뭉쳐주던 이런 일들이 술을 마시며 노는 것보다 다섯 배는 즐거웠다. 그때의 추억들이 지금도 나의 마음속 한편에 자리 잡고 있고, 무엇보다 나의 입사에 참 많이 도움이 되었다는 점에서 매우 고맙게 생각한다.

직무적 내공? 놀면서도 쌓을 수 있다

의미 있게 놀았던 여러 경험 가운데 인상 깊었던 경험을 이야기해보려고 한다. 여러 박람회를 마실 다니듯 다녔던 기억이다.

지금 생각해보면 나의 직무적 내공들은 다 박람회에서 나왔다고 해도 과언이 아니다. 주말에 벚꽃놀이 가듯 여러 박람회를 하나씩 찾아다녔다. 과제를 하려는 것도, 관련 보고서를 써야 하기 때문도 아니었고 오로지 '구경'을 위해 간 것이었기에 시간에 쫓기지 않고 진득하게 둘러볼 수 있었다. 그래서인지 신기하거나 새로운 것들이 있으면 작은 업체, 큰 업체 할 것 없이 시장에서 과일 가격 묻듯 편하게 물어보고 듣고 만져보았다. 덕분에 요즘은 어떤 것들이 화두이고 최신 트렌드는 어떤지, 또 기업들이 요즘은 어디에 주안점을 두고 있는지 자연스레 터득하게 되었다.

나는 박람회에 가서 이것저것 보고 듣는 일이 재미있었다. 그냥 구경만 하고 아무것도 하지 않아도 되었기 때문에. 만약에 과제나 다른 의무 때문이었다면 가기도 싫었을뿐더러 재미도 없었을 것이다. 그냥 산책 겸 겸사겸사 재미있는 전시회를 본다는 기분으로 다녔다. 그래서 더 부담 없이 여기저기 쓱 가서 물어보기도 하고 각 부스의 담당자들과 편하게 이야기도 나눌 수 있었다.

그때 나는 몰랐다. 박람회장에서 보고 만지고 물어보고 들었던 것들이 직무적으로 얼마나 도움이 될지 말이다. 가장 좋았던 부분은 박람회장에 가면 아주 작은 신생기업부터 중견기업, 그리고 대기업까지 여러 기업이 참가하기 때문에 각 기업의 입장이나 시장에서 하는 역할들을 익힐 수 있었다. 이건 어디 가도 배울 수 없는 것이었다. 작은 기업부터 큰 기업까지 한곳에 모아 놓고 회사의 주력상품들을 전시해놓는 곳이 어디 있겠는가. 입장권 단돈 얼마에 이보다 큰 공부는 없었다.

처음부터 공부를 하려고 간 것은 아니었다. 하지만 역설적이게도 그런 마음을 없애고 가니 더 순수하게 공부가 되었다. 박람회를 다 보고 나오면 치킨집에 들러 치킨에 맥주를 곁들이고 기분 좋게 돌아오는 게 너무나 재미있었다. 소소한 재미라고나 할까.

유익하게 노는 방법이 이렇게나 많은데 사람들은 잘 모른다. 그냥 누워서 TV를 봐야 쉬는 것이고 꼭 나가서 술을 부어라 마셔라 해야 신나게 노는 것인 줄 안다. 하지만 그런 경험은 1년이면 충분하다. 이렇게 의미 있게 놀았던 경험들이 취업을 준비하는 시점에서 정말 큰 도움이 되었다.

우리가 그때 그냥 앉아서 수다나 떨고 술이나 한잔 걸치고 놀았다면 이런 선물 같은 시간은 찾아오지 못했을 것이다. 취업을 준비할 때도 지원하고자 하는 산업군의 분위기가 어떻고 주력하고 있는 것은 무엇인지 등등 업계 동향을 파악하는 데 엄청난 시간을 쏟아야 했을 것이다.

있어 보이게 놀면서 일석삼조의 효과를 누려라

몸을 움직여서 해야 하는 이런 활동들은 처음엔 귀찮게 느껴지지만 막상 하고 나면 기분이 좋다. 의미 있는 일을 해낸 것처럼 뿌듯하기까지 하다.

술에 취해서 기분이 좋았던 날보다 박람회장에 갔다가 해지는 노을을 보며 친한 사람들끼리 잔디밭에 아무렇게나 앉아 치킨을 먹고 맥주를 마시는 일이 더 재미있고 행복했다. 심지어 그런 의미 있는 놀이가 취업이라는 인생의 관문을 지날 때 여러 방면으로 나를 많이 도와주었다.

자기소개서나 면접에서는 점수보다 어떤 활동을 했는지를 더 중요하게 묻는다. 어떤 경험으로 어떤 가치관을 쌓아 왔는지가 그들에겐 더 중요하기 때문이다. 놀더라도 좀 의미 있게 놀라고 한 것은 노는 즐거움에 더해서 나의 밥벌이를 위한 입사 둘 다에 도움이 되기 때문이다.

한 1, 2년 술 먹고 놀았으면 이제 조금 질리지 않는가. 재미있고 '있어 보이는' 것을 하면서 놀아보는 것은 어떤가? 심지어 돈도 별로 들지 않는다.

대학생 때의 이런 경험은 나중에 직장인이 되어서는 할 수 없는 것들이기에 더 소중하다. 대학 시절을 떠올려보는데 술 먹고 뻗은 기억만 있다면 너무 허무하고 슬프지 않은가. 이런 점만 보아도 재미, 취업 준비, 추억 쌓기까지 일석삼조의 효과가 있다.

이 세 가지를 모두 잡고 싶다면 가까운 지인들끼리 이번 달, 그리고 다음 달엔 어떤 행사가 있는지, 어떻게 재미있고 '있어 보이게' 놀 수 있을지 한 번 찾아보자.

있어 보이게 놀고, 재미있게 놀고, 추억과 취업 준비는 덤으로 얻어가라!

3장

취업준비생들이 쉽게 놓치고 가는 것들

제발 뽑는 사람의 입장에서 생각하고 준비하라

모의 면접관으로 취업준비생들의 면접을 코칭할 때면 일부러 주제와 전혀 관련 없는 질문을 불쑥 하곤 한다.

그러면 지원자들은 어리둥절한 표정을 지으면서 머릿속에서 거르지 않은 '아무 말 대잔치'를 벌인다. 너무 순수하게 대답한 그들이 어리둥절해할 때면 피드백할 때 꼭 물어보곤 한다.

"얘들아, 내가 이걸 왜 물었을 것 같아?"

분명히 생각해봐야 한다. 면접관이 왜 이런 질문을 했을까? 지원자의 평소 사적인 부분이 궁금해서일까? 절대 아니다. 그들이 묻는 데는 항상 이유가 있다. 지방대 취업준비생뿐만 아니라 모든 취업준비생들이 쉽게 놓치는 부분이다.

당락을 가르는 기준, '역지사지'로 생각하기

'뽑는 사람 입장에서 생각해보기.'

자기소개서를 쓰거나 면접 예상 질문에 답변을 준비할 때 가장 많이 고민해봐야 할 대목이다.

이 사람은 대체 나한테 왜 이런 질문을 했을까, 자기소개서에 왜 이런 항목을 넣었을까. 이러한 생각들이 당락에 가장 중요한 영향을 미친다.

모의 면접관과 청춘 멘토를 하면서 자기소개서 첨삭 의뢰가 많이 들어왔었고 지금도 여전히 많은 자기소개서를 본다. 한결같은 점은, 많은 지원자들이 자기소개서의 질문을 너무 순수하게 1차원적으로 받아들여 답변을 작성한다는 것이다.

'기업이 나의 어떤 점을 보려고 이런 항목을 넣었지?'란 고민을 별로 하지 않고 썼다는 것이 단번에 느껴진다. 시중에 돌아다니는 같은 직군들의 합격 자기소개서 3~4개를 짜깁기해서 쓴 느낌의 자기소개서가 너무 많았다. 자주 써본 글이 아니라서 서툰 부분도 있겠지만, 자기소개서를 쓸 때는 글을 잘 쓰고 못 쓰고를 떠나서 '핵심'을 찔러줘야 한다.

면접관이 듣고 싶어 하는 정답은 90퍼센트 이상 정해져 있다. 이들도 사람을 뽑는 일이 업무다. 따라서 기준이라는 것이 있다. 어떤 인사팀도 기준 없이 사람을 뽑지는 않는다. 자기소개서의 질문 항목을 구성하거나 면접 질문을 할 때 어떤 부분을 평가하기 위함인지 기준을 이미 다 세우고 있다.

그러나 대부분의 취업준비생들은 질문이 무엇을 평가하기 위한 것인지조차 모르고 답변을 하거나 자기소개서를 쓴다. 마치 시험 범위도, 선생님이 중요하다고 별표 쳐준 부분도 모르고 시험을 치러 가는 학생처럼 말이다. 100퍼센트 부합하는 답을 주지는 못해도 그 질문이 나의 어떤 부분을 평가하기 위함인지 그 기준은 알고 답해야 한다.

정말 힘들었던 경험을 물어보는 것이 아니다

예를 들어 보자. 지원 동기, 직무 관련 질문을 하다가 갑자기 불쑥 "지원자가 지금까지 살면서 제일 힘들었던 적은 언제예요?"라고 묻는다. 그러면 '뭐지? 갑자기 훅 치고 들어오네?'라는 생각을 할 수 있다.

이 질문은 요즘엔 면접 예상 질문에 반드시 하나씩 들어 있는 내용이다. 그런데 갑자기 이런 질문을 받으면 머리가 하얘지는 모양인가 보다. 의외로 대답을 잘 못하는 경우가 많다. 보통 두 가지 케이스로 답변을 한다.

첫 번째 경우는 정말 솔직하게 이야기하는 사람이다. 본인이 정말로 제일 힘들었던 군대 시절 이야기를 하는 지원자들이 꽤 많다. 군대에서 이랬고 저랬고 힘들었지만 잘 극복했다는 이야기다. 물론 군대에 다녀온 경험은 육체적으로나 정신적으로나 힘들었을 것이다. 그러나 취업 면접장에서 '군대 이야기'는 그다지 도움이 되지 못한다. 그 시절이 힘들지 않았다고 인정을 안 한다는 것이 아니다. 직접 겪어보지는 못했지만 친오빠가 오랜 군 생활을 해 대위로 전역해 조금은 알 것 같기도 하다. 하지만 우리가 어필해야 할 것은 누구나 다 겪은 경험이 아니라 '나만의 경험'이다. 군대는 대한민국 평범한 남자라면 대부분 다녀와야 할 하나의 의무이기에 남들과 차별성을 두기에는 좋지 않은 소재라는 것이다.

두 번째 경우는 인생에서 힘들었던 적이 없던 사람이다. 인생을 살면서 꼭 힘든 경험이 있을 필요는 없다. 평탄하게 살아온 사람들이 많다. 취업준비생이라면 20대 초반에서 중반 남짓이기에 큰 시련을 경험해본 적이 없는 사람들이 많다. 그런 사람들은 이런 질문을 받으면 일단 당황한다. '내가 힘들었던 적이 언제였더라?' 그때 가서 20년 조금 넘는 인생을 되돌아본다. 그러지는 말자.

팩트부터 이야기하자면 회사는 인생의 굴곡이 없는 사람보다 인생의 굴곡이 있는 사람을 선호한다. 회사에 입사하는 순간부터 수많은 굴곡이 기다리고 있기 때문이다. 그렇기에 그것을 한 번이라도 겪어본 사람이 사회생활의 역경과 고난을 더 잘 헤쳐나갈 거라고 생각한다. 큰 사건이 아니라도 좋다. 남들에게 꺼

내놓지 못한 힘들었던 가정사도 좋고 뭐든 좋다. 그 경험을 통해 본인이 추구하는 것이 어떻게 달라졌는지, 그때 느꼈던, 혹은 다짐했던 부분들을 진솔하게 털어놓는 것이 중요하다.

정말 소중하고 귀한 나의 경험도 말하는 방식에 따라 면접관이 꿀떡처럼 알아들을 수 있는 매력적인 스토리가 되기도 하고 그저 그런 별 볼 일 없는 경험으로 치부될 수도 있다. 합격에 가까워지기 위해서는 그들의 입맛에 맞는, 그들이 원하는 반찬을 밥 위에 올려줘야 한다. 그들이 '이 반찬이 먹고 싶다'고 말하기 전에.

내 경험에서 소스를 뽑되 듣는 사람 입장에서 '나'에 대해 매력을 느낄 수 있도록, '너네가 원하는 게 이거지?' 라고 확신이 들 때까지 신중을 기해 생각해보는 시간이 꼭 필요하다.

선배님, 토익 할까요, 공모전 할까요?

"선배님, 토익 할까요, 공모전 할까요?"

청춘 멘토로 나가 상담을 하다 보면 취업을 준비하고 있는 대학교 2, 3학년들에게 가장 많이 듣는 질문이다. 할 수 있다면 둘 다 하라. 이게 정답이다.

하지만 그들이 나에게 이 질문을 한 이유는 취업을 준비할 시간이 한정되어 있기 때문이다. 그리고 부득이하게 둘 중 하나를 선택해야 한다면 어떤 선택을 해야 할지 그것이 궁금했을 것이다.

토익보다는 공모전이다

토익과 공모전 중에 하나만 준비해야 한다면 나는 단연코 '공모전'을 하라고 권한다. 왜냐고? 면접에 가서 "○○씨 토익 점수가 왜 이렇게 높아요?"라는 말을 들을 확률이 몇 퍼센트나 될까? 그리고 그런 이야기를 들으려면 토익을 얼마만큼 공부해야 할까? 저런 질문은 만점 가까이 받아야 받을 수 있을까 말까 하다. 게다가 토익에만 올인한다고 하더라도 만점 받기는 정말 힘들다.

그렇다면 공모전은 어떨까. 서류에 공모전 관련 내용이 들어 있다면 "○○씨 이런 공모전 참가하셨네요?"라는 말이 나올 것이다. 혹은 운이 좋아 입상을 했다면 면접관이 "○○씨 공모전에서 입상하셨는데," 하면서 질문을 이어나가기도 한다. 실제 업무에서도 공모전과 비슷한 프로젝트가 많기 때문에 실무자들은 더더욱 그쪽에 눈이 갈 수밖에 없다.

영어를 잘하면 "아, 얘는 영어를 좀 하네"로 끝나지만 공모전 같은 경우 이미 본인들이 추진해본 아이템이거나 추진할 프로젝트와 비슷한 종류일 가능성이 크다. 그래서 더욱 눈길이 가고 그 공모전에서 지원자가 무엇을 했는지, 어떤 프로젝트를 했는지 질문을 쏟아낼 수밖에 없다.

수치화할 수 없는 것에 집중하라

우리에게는 시간이 없다. 그래서 둘 중 무엇에 시간과 정성을 쏟을지 고민하는 게 아니겠는가. 노력과 정성을 쏟은 시간에 비해 나를 가장 반짝이게 빛내줄 무언가를 찾는다면 '토익'보다는 '공모전'이다.

꼭 토익과 공모전에만 국한되는 것은 아니다. 이를 자기소개서에 쓰는 항목 중 비슷한 것들과 연결해보자. 토익은 학점, 자격증 유무와 같다. 하지만 공모전은 특허, 인턴, 프로젝트 같은 개념으로 대체될 수 있다.

수치적으로 나타낼 수 있는 것과 그렇지 못한 것으로 구분할 수도 있다. 토익, 학점, 자격증 등은 자기소개서 상에 다 숫자로 표기할 수 있는 것들이다. 토익 800점, 학점 3.87점, 워드프로세서 1급 이런 식으로 말이다.

공모전, 특허, 인턴 경험 등은 말로 풀어내지 않으면 안 된다. 몇 개의 숫자만으로는 표현할 수 없기에 더더욱 값어치가 높고, 여러 가지 색깔을 입혀 나를 보다 더 잘 표현할 수 있다.

아직도 많은 취업준비생이 '숫자'를 높여야 취업의 확률을 높일 수 있다고 생각한다. 하지만 거기에 걸리는 시간과 노력을 생각해보자. 토익을 40~50점 올리기 위해 들어가는 노력, 학점 0.2~0.3점을 올리기 위해 들어가는 계절학기 수강이란 노력을. 정작 그런 노력으로 이뤄낸 숫자 상승의 효과는 그리 크지 않다.

'숫자만으로 나타낼 수 없는' 경험을 위한 노력이 더 효과적이고 값지다는 점을 알았으면 좋겠다.

나도 취업을 준비할 때 토익에 목숨을 걸고 하루종일 토익 공부만 해보기도 했고 여러 활동이나 공모전에 참가해보기도 했다. 노력들의 크기는 모두 컸지만 효과는 완전히 달랐다. 물론 둘 다 할 여력이 있다면 둘 다 하는 게 정답이다. 그러나 그런 여력이 없다면 숫자로 표현할 수 없는 것, 수치화할 수 없는 것을 우선적으로 선택하기 바란다.

일단 기회가 생기면 무조건 하라

'대우건설'에 지원할 때였다. 이 회사는 특이하게도 다른 회사와 달리 자기소개서에 PPT를 함께 첨부해야만 했다. 본인이 회사에 입사해야 하는 이유, 혹은 회사에 관심을 두고 해온 활동 등을 자유로운 양식으로 PPT를 만들어 첨부해야 하는 프로세스였다.

막연했다. 일단 대우건설에 대해 아는 게 많이 없었고, 이 회사만을 목표로 취업 준비를 해온 것이 아니기 때문에 어디부터 시작해야 할지 감이 서지 않았다. 취업을 준비할 때는 일단 공고가 뜨면 지원 조건이 되는 대부분의 회사에 지원서를 넣기 때문에 특정 회사를 위한 관련 활동만을 할 수는 없다.

대학 시절 사소한 경험도 취업 준비가 된다

일단 뭐라도 소스를 건져야 했기 때문에 인터넷 검색창에 '대우건설' 네 글자를 쳤다. 스크롤을 쭉쭉 내리며 회사의 대표적인 업적을 읽어보는데, 아니 이게 웬일인가. 광안대교를 대우건설이 시공한 것이 아닌가. 그때 머릿속에 번뜩하고 2년 전 광안대교에서 했던 봉사활동이 떠올랐다.

대학교 2학년, 취업 고민 없이 시험 기간만 지나면 매일을 축제처럼 부어라 마셔라 하던 시절이었다. 그날도 지인들끼리 모여 이야기를 하고 있는데 누군가가 "광안대교에서 뭐 행사하던데 거기 봉사활동이나 하러 갈까? 날씨도 좋은데"라며 말을 흘렸다. 어차피 시험기간도 아니라 매일 뭐하고 놀지 고민하던 날들이었기에 지인들 모두 "그래, 뭐 갔다 오자. 좋네. 바람도 쐴겸"이라며 마실 삼아 신청을 하게 되었다. 그게 바로 '다이아몬드 브릿지(광안대교)를 걷다' 진행 요원이었다. 봉사활동을 한 뒤로 2년이라는 시간이 흘렀지만 그날 날씨가 정말 좋아서 사진도 많이 찍고 신나 있었기 때문에 생생히 기억이 났다.

이런 우연을 보았나! 내가 진행 요원을 했던 행사가 진행된 다리의 시공사가 이 회사라니. PPT를 채울 아주 좋은 소스가 바로 여기 있었다. 2년 전 재미삼아 했던 이 행사가 지금 취업준비생의 신분에서 이렇게 큰 보물이 될 줄은 아무도 몰랐다. 심지어 사진도 굉장히 많이 남아 있었다. 좋았던 날씨 덕에 셔터를 마구 마구 눌렀던 터라 진행 요원으로 열심히 일하는 사진, 진행 스텝 목걸이를 걸고 참가한 사람들과 해맑게 웃으며 대화하는 사진 등 쓸 수 있는 사진이 굉장히 많았다.

이로써 객관적인 팩트 아래 이 경험은 다음과 같이 각색되어 설득력을 가질 수 있었다.

> 원래 저는 '대우건설'이란 회사에 평소부터 관심이 많았습니다. 그런 대우건설이 시공한 '광안대교'에서 '다이아몬드 브릿지를 걷다' 진행 요원을 하면서 '대우건설의 광안대교 시공'에 대해 더 자세히 깊게 파고들 수 있던 계기가 되었습니다.

사실 그 행사에 참가할 때도 광안대교의 시공사가 어느 회사인지 전혀 모르고 있었다. 그저 지인들과 신나게 놀고 오는 것이 목적이었기 때문에 그런 것은 별로 궁금하지 않았다. 그런데 우연히 했던 그 활동이 취업준비생의 입장이 되고 나서는 엄청나게 큰 보물이 되었다.

로또도 사지 않으면 당첨되지 않는다

'우연의 힘'이 이렇게 강하다. 언제 어디서 갑자기 툭 하고 튀어나올지 모른다. 그 누군가는 '우연'이란 말을 단순한 '운'으로 치부하기도 한다. 맞다. 운의 힘은 대단하다. '겸손의 힘'과 '위로의 힘', 상반되는 두 가지의 힘을 다 가지고 있다. 누군가는 '아, 정말 운이 좋았었어'라며 겸손을 표하기도 하며 또 누군가는 '운이 안 좋았어. 이번에는'이란 말로 위로를 삼기도 한다.

이런 우연의 힘을 빌리기 위해서 알아둬야 할 전제가 있다. '일단 하는 것'이다. 아무것도 하지 않으면 아무 일도 일어나지 않는다. 우리가 그때 귀찮다는 이유로 그 행사에 지원하지 않고 참석하지 않았다면 이런 운도 오지 않았을 것이다. 천운이라고 불리는 '로또'도 사지 않으면 그 행운에 당첨될 확률은 0퍼센트다.

그래서 나는 '일단 기회가 생기면 무조건 하라'고 말한다. 당시에는 작은 일일 수 있지만 훗날 그 중요성이 얼마나 커질지는 아무도 모른다. 그렇기 때문에 기회가 생겼을 때, 무리가 되지 않는 한에서는 무조건 해봐야 한다. 지금 안 해도 다음에 할 수 있을 것 같지만 다음에는 다음의 일이 생기고 꼭 바쁜 일이 생기기 마련이다. '다음번'을 기약하고 그 기약이 이뤄지는 것은 많이 보지 못했다.

당첨 확률을 높여보자. 언제 어떤 것이 쓰일지 모른다. 게다가 우리 같은 저스펙 지방대생들은 경험으로 차별화를 하는 것이 숫자적인 스펙을 높이는 것보다 훨씬 효과적이다. 나만의 경험을 차곡차곡 쌓아서 회사의 지원 동기나 직무의 관심사로 객관화시켜 엮어나간다면 이것이야말로 나만의 유일한, 흔치 않은 스펙이 되는 것이다.

대졸 신입사원들의 자기소개서를 보면 90퍼센트 이상이 흔하고 뻔하디뻔한 지원 동기들로 넘쳐난다. 이런 시점에 그 지원자만의 객관적이고도 설득력 있는, 특별한 활동들과 결부시킨 지원 동기를 본다면 인사담당자는 그 사람을 안 뽑고는 배길 수 없다.

뽑히기 위해서는 남들과 달라야 한다. 어떻게 다름을 추구할 수 있는지, 나의 어떤 강점으로 이 회사가 나라는 사람에게 구미를 당기게 할 수 있을까를 생각해봐야 한다. 그러나 요즘 취업준비생들은 그런 부분을 고민하기보다는 학점, 토익 등 남들이 다 가지고 있는 숫자 스펙에 심혈을 기울이고 있다.

세상이 달라지고 있다. 똑똑한 사람은 많고 회사가 뽑는 인원은 정해져 있다. 똑똑한 사람을 머리로 이기려 하면 대결이 힘들어진다. 노력에 비해서 나오는 결과가 미미한 것이다. 똑똑한 사람은 똑똑함으로 승부하고 우리는 우리만의 경험과 열정으로 승부하는 것이 더 승산이 있는 방법이다. 그리고 그 승산은 기회가 오면 놓치지 않았던 사람들의 몫이란 것을 잊지 말자.

환경 탓은 이제 그만

"아, 우리 학교는 아예 서류에서 탈락시킨대. 합격한 사람이 없다는데?"

"요즘 취업난이 워낙 심하니까 어쩔 수 없지. 그게 내 탓도 아니고 '헬조선'이라 그런 건데, 뭐."

맞다. 다 맞는 말이다. 틀린 말이 하나도 없다. 하지만 이렇게 불만만 표출하고 살기엔 너무 아까운 인생 아닌가. 이런 와중에서도 길을 찾아야 한다. 우리가 이 빡센 한국에서 계속 살아갈 예정이라면.

명문대생도 취업을 걱정한다

취업에 대한 진지한 고민이 비단 지방대생만의 전유물이 아니라고 느꼈던 것은 현대건설 최종 합격 오리엔테이션에 참석했을 때였다. 300명 가까운 합격자 중 여자는 10명도 되지 않았기에 처음 만난 여자들끼리 이런저런 이야기를 많이 했다. 그들은 서울대, 고려대, 이화여대 등 내로라하는 학교에 다니고 있었다.

나는 그들이 여러 곳의 대기업에 합격해 골라서 입사하는 것이 당연한 줄로만 알았다. 그런데 한 언니가 "요즘 동기들이 취업 때문에 많이 힘들어해요. 서류 합격하는 곳도 그렇게 많지 않고, 면접에 가서도 많이들 탈락해서 사실 여기 합격했다고 말하기도 동기들에게 조금 미안하더라구요"라고 이야기했다.

나는 진심으로 놀랐다. 좋은 학교에 다니는 사람들은 취업 고민이 없을 거라고 생각했다. 학교 자체가 스펙이라고 생각했던 것이다. 하지만 그런 나의 생각은 선입견일 뿐이었다. 그들도 똑같이 취업 고민을 하고 속앓이를 하고 있는 것이다. 그러니 너무 환경을 탓할 필요는 없다. 환경이 좋은 그들도 똑같은 고민을 하고 있으니 희망을 가져 보자.

앞에서도 계속 말했듯 출신학교, 토익, 학점이 다가 아니다. 심지어 저스펙으로 대기업에 취업한 선배들의 선례가 생각보다 많다. 취업이 잘되지 않는 이유를 환경적인 탓으로만 돌리기에는 변명이 부족한 것이다.

어차피 갈 수 있는 곳은 한 곳이다

모의 면접을 가보면 꼭 의욕도 없어 보이고 취업을 하고 싶긴 한지 이해가 안 되는 친구들을 한두 명씩 만나곤 한다. 그럴 때마다 나는 조심스럽게 묻는다.

"○○야, 원래 목소리가 이렇게 작은 거야? 당연히 안 되겠다고 생각하고 소심해져서 그런 거지? 여기 입사는 하고 싶은 거지?"

그러면 대부분 작은 목소리로 이렇게 답한다.

"자신감이 없어요. 뉴스나 이런 데서는 취업이 점점 더 힘들다고 하고, 취업하고는 싶은데 이런 대기업은 엄두도 안 나요. 사실 여긴 면접까지 갈 수도 없을 것 같아서 준비도 제대로 못 했어요."

"왜? 왜 안 될 것 같아?"

"취업도 어려운 시기인데 저같이 아무것도 없는 애를 뽑을까 하는 생각이 사실 제일 크구요. 우리 학교에서 잘해야 한 명, 아니면 한 명도 못 가는 곳이잖아요. 특별할 것 없는 저는 당연히 떨어질 것 같아요. 제가 처한 환경에서 과연 될 수 있을까 하는 생각만 들어요."

이처럼 취업의 어려움을 환경 탓으로 돌리는 친구들이 많다. 그들이 나쁘다는 말이 아니다. 막연히 두렵고 앞이 안 보이니까 그렇게 합리화하는 것이다. 안 되어도 내 잘못이 아닌 '환경'이란 방패막이를 미리 세워놓는 것이다.

여기서 한 가지 짚고 넘어가자. 안 되는 건 부끄러운 게 아니다. 입사 지원에서 떨어지는 건 정말 자연스러운 일이다. 오죽하면 서류만 50군데를 썼는데 고작 3곳에 붙는다는 말이 있겠는가. 떨어지는 것은 창피한 일이 아니다. 그 기업이 내 인연이 아닌 것이다. 나머지 많은 기업 중 나와 인연이 있는 기업이 있을 거라고 생각하고 마음을 다잡으면 된다.

어차피 입사할 수 있는 회사는 한 곳뿐이다. 몸이 하나기에 입사할 곳도 하나라는 말이다. 여러 군데 합격을 한다고 해서 다 갈 수 있는 것이 아니다. 선택의 기로에서 기쁨을 잠깐 만끽할 뿐이다.

그러니 지금부터 환경 탓은 이제 그만하기로 하자. 그럴수록 자꾸 환경이란 요소가 불안감을 합리화하며 의지나 용기를 상실하게 될 수 있으니.

어떤 순간에도 '나'를 포기하지 마라

사람은 누구나 무너질 때가 있다. 누구나 모든 것을 다 놔버리고 싶은 순간이 온다. 그런 순간이 올 수 있는 가장 위험한 시기가 바로 취업준비생 기간이다. 정신이 매우 약해져 있을 가능성이 높기 때문이다.

취업준비생들을 가장 지치게 하는 것은 뭘까. 바로 '언제 끝날지 모른다는 막막함'이 아닐까. 계속 취업 준비를 하지만 언제 합격을 할지는 모르겠고, 보장된 것도 없는데 더 이상 부모님의 지원을 받는 것도 죄송스러울 때. 그 죄송스러움이 언제까지 지속될지 모르는 막막함에 모든 걸 다 놓아버리고 싶을 때가 올 것이다. 반복되는 날들, 오늘과 같은 내일이 끝이 없을 것만 같다.

그런데 혹시 이걸 알고 있는가?

끝은 반드시 온다는 것. 그리고 결과는 본인이 생각한 것보다 정직하다는 것. 이유 없는 그 어떤 것도 없다는 것 말이다.

미련을 남기지 마라

요즘 취업난이다, 불황이다 하는 나날들이 계속되고 있지만 우리가 당장 하루아침에 경제 상황을 바꿀 수는 없는 노릇이다. 우리는 주어진 환경 속에서 또 어떻게든 나아가야만 한다.

"이번에도 운이 없었어!"

이렇게 말하면서 체념하는 친구들을 본다. 과연 운만 나빴을까? 운은 항상 움직임을 따라다닌다. 생각의 움직임, 몸의 움직임, 가치관의 움직임 같은 것들 말이다. 그런 움직임들이 모여 운이 나에게로 오는 길을 안내해준다. 그러니 '운이 나빠서' 그런 결과가 나왔다고는 생각하지 않았으면 좋겠다.

결과는 본인이 한 만큼 나올 가능성이 크다. 우리가 어떻게 할 수 없는 경제 상황과 취업난을 조금 덜어내고 생각한다면 말이다.

가슴에 손을 얹고 생각해봤을 때 정말 최선을 다했는데도 결과가 좋지 않게 나왔다면? 그러면 오히려 미련이 없어진다. 해본 사람은 알 것이다. '아, 내가 이렇게까지 했는데 안 되는 건 안 되는 거구나. 그래 고생 많았다'라며 툭툭 털고 일어날 수 있는 다른 색깔의 힘이 생겨나는 것이다.

혹여 그 노력이 결과로 나오지 않는다 해도 그 과정에서 배우고 느낀 모든 것들이 훗날의 '나'라는 사람의 중심을 잡을 수 있도록 도와주는 큰 뿌리가 될 것이다.

오직 나만을 생각할 수 있는 '지금'에 집중하라

당신은 청춘이다. 아직 어리고 책임질 것도 별로 없다. 이 책을 읽는 독자 중 결혼해서 애가 몇 명씩 딸린 사람은 없을 것이다. 혹여나 있더라도 극소수일 것이다.

사람들은 현재의 소중함을 잘 깨닫지 못하며 살아간다. 나중에는 이 시기가 아쉬운 순간이 온다. '아, 내가 20대 중반으로 돌아간다면 뭐든 마음을 딱 다잡고 할 수 있었을 텐데'라든가 '결혼하기 전에, 애를 갖기 전이라면 과감하게 오로지 나를 위한 선택을 했었을 텐데' 하는 순간을 맞이할 수 있다. 아마 대부분이 그럴 것이다.

나를 위한, 오로지 나만을 생각할 수 있는 시기. 그런 시기가 바로 지금이다. 힘들다고는 하지만 그 힘듦을 스스로 끝내든 차선책을 택하든, 아니면 미친 것처럼 아예 본인의 전공과 관련 없는 분야에 도전을 하든 스스로 결정하면 그만이다. 본인 스스로가 마음을 굳게 먹고 밀어붙이면 된다.

하지만 다르게 생각해보면 이렇다. 누군가는 취업 준비를 더 하기가 너무 버겁고 힘들다. 돈을 벌어야겠기에 어영부영 취업되는 곳에 입사해서 3~4년 회사 생활을 하다가 결혼하고 애를 낳는다. 이것이 일반적인 루트일 것이다.

그 이후에 뒤늦게 내 꿈을 찾아 나서고 싶다고 한들, 회사 생활에 회의가 든다 한들, 내가 좋아하는 전혀 다른 것을 위해 도전해보고 싶다 한들 그때는 나만을 위한 결정을 하기 어렵다.

취업준비생에게 이런 이야기는 잘 와닿지 않을 수도 있다. 하지만 시간이 흐르고 위와 같은 상황이 된다면 이 이야기들을 뼛속 깊이 이해할 수 있을 것이다. 실제로 경험해본 사람의 이야기고 내 주변의 많은 사람들이 하는 이야기니 믿어도 된다.

내게만 집중하는 지금, 절대 타협하지 마라

그 어떤 순간에도 지금 이 시기의 나를 포기하지 않았으면 좋겠다. 무엇에 도전하든, 어떤 것을 하든 이 시기는 돌아오지 않는다. 잊지 마라. 이 시간들, 이날들만이 오롯이 나 자신만을 위한 도전을 시도할 수 있는 적기라는 것을.

무엇이 됐든 미친 듯 해봐라. 내가 훗날 돌아봤을 때 '그때 이거 하나만큼은 미친 듯이 해봤었지. 미련 없을 정도로. 후련

하다. 그렇게까지 안 해봤다면 후회했을 거야'라고 말할 수 있을 정도로. 아무리 주변에서 안 된다고 해도 '내'가 할 수 있다는 마음으로 미친 척 다 던져보는 것이다. 모든 수를 다 던져서. 안 된다고 해도 밑져야 본전이다. 청춘이라는, 젊음이라는 밑천이 훗날 지나고 보면 얼마나 큰 재산인지 지나고 나면 알 수 있을 것이다.

마지막으로 진심을 다해 이야기한다. 나의 청춘을, 나의 젊음을 포기하지 말자. 현실과 타협하지 말자. 적어도 이 시기에는. 앞으로 현실과 타협할 수밖에 없는 수많은 날이 찾아올 것이다. 그러니 지금 이 시기만큼은 스스로를 놓지도 말고 포기하지도 말자.

회사는 똑똑한 사람만을 원하지 않는다

얼마 전 비를 뚫고 취업준비생들을 만나러 경주에 다녀왔다. 매번 갈 때마다 다른 친구들을 만나며 다른 생각들을 하게 되는데, 경주에서 만난 친구들은 본인의 어떤 점을 어필해야 하는지를 나름 각자의 방법으로 알고 있는 친구들이었다.

그런데 그런 그들도 스펙이란 것이 합격의 대부분을 차지한다고 생각하고 있었다. 그래서인지 나에게 한 질문의 90퍼센트는 스펙과 관련된 내용이었다. 그들의 질문에 답을 하고 나서 이야기했다.

"수치적인 스펙으로는 지방대생을 크게 차별화시킬 수 없어. 단순히 스펙만으로 이야기하자면 서울에 훨씬 똑똑하고 날고

긴다는 친구들이 넘치고 넘치기 때문이야. 우리는 조금 더 다른 것들을 준비해야 해. 우리만이 할 수 있는 스펙을."

한 친구는 본인의 스펙이 부족하다고 생각해 같은 분야의 회사인데도 한 회사는 지원하고 한 회사는 지원하지 않을 생각이라고 했다. 나는 두 곳 모두 지원하라고 했다. 회사가 스펙만 보고 뽑을 것이라면 그 두 회사 모두 그를 뽑지 않든가, 아니면 두 회사 중 그 친구를 필요로 하는 회사가 그를 뽑을 것이기 때문이다.

회사는 다양한 사람을 필요로 한다

회사에는 참 많은 사람들이 함께 생활한다. 그중에는 본인의 삶보다 일을 중요시 생각해 회사에 살다시피 하며 업무를 미친 듯이 하려는 사람도 있고, 업무보다는 사람들과 원만한 관계를 유지하며 팀의 분위기를 끌어 올려주는 역할을 해내는 사람도 있다.

회사는 똑똑한 사람만을 원하지 않는다. 조직이 굴러가기 위해서는 똑똑한 사람만 있어서도 안 되고, 분위기 띄우는 사람만 있어서도 안 된다. 다양한 사람들이 적절히 섞여 있어야 조직이 순탄하게 흘러간다.

꼭 우리가 '똑똑하고 머리 좋은' 사람으로 입사해야 할까?

각자가 원하는 직무마다 다 다르겠지만 연구직이나 전문직(의대, 간호대, 법대 등)을 제외하고는 위와 같은 조직의 규칙이 적용된다.

취업은 더 어려워지고 이제는 본인이 선택과 집중을 하지 않으면 점점 멀어져가고 있다.

나만의 포지션을 정하라

'선택과 집중'이 필요하다. 내가 지원할 기업을 선택하고 거기에만 집중하라는 말이 아니다. 본인이 어필할 무기를 선택하고 거기에 좀 더 초점을 맞춰서 집중하라는 말이다.

여러 기획사의 연습생들이 나와 총 12명의 멤버를 뽑는 서바이벌 오디션 프로그램인 '프로듀스48'이 2018년 인기를 끌었다. 대부분 10대인 연습생들도 자신의 포지션을 정하고 본인만의 무기를 장착해 나온다. 누구는 춤, 누구는 노래 등 본인들만의 경쟁 속에 살아남기 위해서 선택과 집중을 한다. 그 치열한 경쟁 속에 데뷔조인 12명 안에 들기 위해 부단히 노력하며.

마찬가지로 취업 시장에서 내 포지션을 어떻게 잡고 갈 것인지가 중요하다. 똑똑함으로 승부할 수도 있겠지만 아마 지방대 취업준비생인 우리가 이 포지션으로 승부하기는 쉽지 않을 것이다. 그렇다면 어떤 경험들로 승부를 볼 것인지, 나에겐 어떤 필살기가 있는지를 먼저 살펴야 한다.

회사라는 사회에서 요구하는 사람들의 역할은 다양하다. 그중 나는 어떤 역할을 할 수 있는지, 그것을 하기 위해 어떤 역량을 어필하고 어떤 경험을 팔아야 할지를 잘 생각해보자.

앞만 보고 달린다고 해서 목적지에 빨리 도달할 수 있는 것은 아니다. 어제까지는 앞만 보고 달렸다면 오늘은 가만히 멈추어 내가 선택과 집중을 할 수 있는 것은 무엇인지, 본인은 어떤 포지션을 취할 수 있을지 곰곰이 생각해보는 하루가 되기를 바란다.

4장

대기업 면접관이 궁금해하는 지원자가 되는 비결

나만의 경쟁력을 찾는 법, '나다움'을 분석하라

사람들은 종종 누군가에게 '너답지 않게 왜 그래'란 말을 쓰곤 한다. '나다움'이란 과연 무엇일까.

요즘엔 많은 사람이, 특히나 취업준비생들이 '나다움'을 잃고 살아가는 것만 같아 안타깝다. 어쩌면 이미 정해져 있는 교육과정 시스템이 각자의 '나다움'을 흐리고 있는지도 모른다.

10대 땐 무엇을 위해, 왜 해야 하는지 필요성도 알지 못한 채 공부를 한다. 오로지 '좋은 대학'이란 타이틀을 거머쥐기 위해 학교에서 야자를 하고 늦은 시간에 학원에 갔다가 자정이 다 돼서야 귀가하고, 주말도 없이 학원을 다니는 등 아등바등 살아가는 것이다.

나라고 예외는 아니었다. 하지만 지금 생각해보면 공부하는 시간과 성적은 꼭 비례하지만은 않았다는 것을 깨닫는다. 왜 내가 공부를 해야 하는지, 어떤 직업을 가지고 싶은지, 그러기 위해서는 어떤 과를 가야 하는지 명확히 알고 있는 친구들이 더 좋은 성적을 냈던 것 같다.

20대 땐 남들이 다 하니까 뭐라도 하지 않으면 나만 뒤처지는 것 같은 느낌, 자칫 잘못하면 백수가 될 수도 있다는 불안감이 마음 한구석에 자리한다. 그리고 졸업하면 더 이상 무언가를 할 수 있는 정규 과정조차 없다는 현실에 열심히 스펙을 쌓아 테트리스마냥 이력서에 이리저리 얹혀 한 줄을 클리어해본다.

그런데 그마저 힘들다. 남들이 한다는 스펙을 다 갖추기엔 시간이 모자라고, 또 그렇다고 그냥 지원서를 내기엔 자신감도 없고 쓸 말도 딱히 없다. 그렇게 상반기가 흘러가고 친구는 합격해서 면접 보러 가는데 나는 서류합격마저 어렵고 멘털마저 흔들린다. 하반기는 다가오고 결과는 비슷할 것만 같다. 자신감은 더더욱 뚝뚝 떨어진다.

이런 악순환은 피해야 한다. 누구라고 이런 슬럼프를 맞고 싶어 맞느냐고 하겠지만 멘털을 제대로 가다듬지 못하면 쉽게 이런 악순환에 빠진다. 실제로 이런 취업 슬럼프가 한번 오면 헤어나기가 힘들다.

그래도 승산은 있다

그렇다고 지방대생인 우리에게 전혀 길이 없는 것은 아니다. 먼저 '배달의 민족' 김봉진 대표가 어느 방송에서 밝힌 지방대생 취업 부진에 대한 의견을 살펴보자.

한 청년의 "고졸, 지방대 출신에게는 성공의 기회가 더 적다고 하는데 조언을 해 달라"는 물음에 그는 "명문대를 다닌 사람들은 고등학교 때 엄청 노력을 많이 했다. 개인의 상황, 환경적 요인도 있지만 개인의 노력을 무시할 수 없다. 그럼에도 사회에 나와서 동일한 출발점에 시작하는 것은 역차별이다"고 말했다.

김봉진 대표는 "내가 놀러 다닐 때 그 친구들은 하루에 2~3시간 자면서 공부해서 명문대 간 거다"라며 "바꿀 수 있는 방법은 하나밖에 없다. 그들이 노력했던 시간보다 두 배로 더 많이 해야 한다. 그것을 이겨내지 못하면 아무것도 극복할 수 없다. 현실을 깨끗이 인정해야 한다"고 덧붙였다.

또 "자신의 장점이 무엇인지 알아야 한다. 남을 의식하고 뭔가를 만들게 되면 실수를 범한다. 하지만 자기다움을 찾으면 온전히 나의 경쟁력에 집중하게 되고, 그 순간부터 경쟁자보다 우위를 선점할 것이다"고 설명했다.

- '힐링' 김봉진 "고졸, 지방대 출신 성공의 기회 적어? 그만큼 노력해야", 〈중앙일보〉, 2014. 12. 9.

성공한 청년사업가 '배달의 민족' 김봉진 대표는 지방대 출신이 상대적으로 성공의 기회가 적다는 말에 단호하게 말했다. 명문대에 들어간 이들은 우리가 놀 때 2~3시간 자며 엄청난 노력을 했으므로 사회에서 똑같은 출발선상에서 시작하는 것은 역차별이라고.

나도 비슷한 생각을 한다. 인정할 것은 인정해야 한다. 이런 현실을 바꿀 방법은 그들이 고등학교 때 했던 노력을 지금이라도 하는 것이다.

그래도 고등학교 때에 비하면 해볼 만은 하다. 단지 앉아서 하는 '엉덩이 싸움'이 아니라, 여러 갈래의 방법과 수단이 있기 때문이다. 본인이 잘하는 쪽을 선택하면 된다.

이것이 바로 '나다움'이다. 다시 말해 본인의 특출난 점이 무엇인지 잘 아는 일이다. 먼저 자기다움을 찾으면 온전히 나의 경쟁력에 집중하게 되고 그 순간부터 경쟁자보다 우위를 선점할 것이라고 한 김봉진 대표의 말을 기억하자. 우리가 취업 시장에서 우위를 선점할 수 있는 방법은 내가 뭘 잘하는지 알고 그 부분에 있어서만큼은 본인의 강력한 경쟁력으로 키우는 일이다.

나다운 경쟁력을 갖춰라

내가 잘하는 분야에서 강력한 경쟁력을 키우려면 어떻게 해야 할까? 한 가지만 예를 들어보겠다.

강력한 경쟁력을 가진 스펙 중 하나가 '특허'다. '특허'는 정말 강력한 힘을 가지고 있다. 그러나 이를 활용해보려고 생각하는 사람은 많이 없는 것 같다. 특히 취업준비생들에게는 아직 생소하기에 아예 특허내는 일 자체를 고민해본 사람이 많지 않을 것이다. 물론 다른 스펙에 비해 달성까지의 과정이 조금 까다롭고 복잡하기는 하지만 그렇다고 특허 등록이 전혀 불가능한 일은 아니다.

만약 특허를 낼 만한 아이디어를 가지고는 있지만 방법과 절차가 까다롭고 변리사 비용이 비싸 엄두를 내지 못하고 있다면 학교의 'LINC 사업단'에 도움을 요청하면 된다. 요즘은 대부분의 대학에 'LINC 사업단'이라는 산학협력 기관이 상주하고 있다. 이런 혜택 또한 내가 낸 등록금 안에 포함되어 있다. 내가 낸 등록금만큼 대학을 알차게 써먹도록 하자.

이처럼 도움을 주는 대학 내 기관들을 이용한다면 정말 남다른 스펙이 될 특허 출원도 그렇게 어렵지만은 않다. 특허에 대적할 만한 스펙은 거의 없다. 다방면으로 써먹을 수 있는, 평생 소장 가능한 스펙이 될 수 있으니 도전해보자.

이처럼 특허든 다른 무엇이든 남들이 좀처럼 하지 않는, 그러나 회사에서는 정말 높게 평가하는 '나다운 강점'을 찾아야 한다. 학점 조금 올린다고 재수강을 한다거나 토익과 스피킹에만 목숨

거는 시대는 지나갔다. 이제는 기업도 실무에 강한, 정말 현장에서 써먹을 수 있는 인재를 찾고 있다.

나만의 '빛깔'을 갖자. 그 나다운 빛깔이 점점 물들어 나라는 사람을 더욱 선명하게 해줄 테니.

캐릭터로 각인시켜라

"캐릭터? 뭐 만화 캐릭터를 말하는 건가? 무슨 말이지?"라고 생각할 수 있다. 하지만 캐릭터를 만들기는 매우 중요한 일이다. 무슨 말이냐고?

당신이 면접에 들어갔다고 가정하자.

문을 열고 들어가 세상에서 가장 사람 좋아 보이는 미소를 지으며 면접관에게 자기소개를 한다. 본인을 어필하기 위해 최대한 애를 쓰다 몇십 분간의 면접이 끝난다. 마지막으로 할 말 없느냐는 면접관의 말의 자기 이름 세 글자를 새기기 위해 마지막까지 혼신의 힘을 다해본다. 그러고는 긴장이 채 가시기도 전에 문을 열고 나온다.

자, 면접관들은 여러분의 이름을 기억할 수 있을까? 아마도 아닐 것이다. 그렇다면 면접관들은 인상에 남는 지원자들을 어떤 식으로 기억할까? 그게 바로 '캐릭터'다.

캐릭터로 임팩트를 주다

다음은 지방대 출신으로 '현대위아'에 합격한 지인의 자기소개 내용이다.

> 안녕하십니까? 숟가락 같은 지원자 안○필입니다.
>
> 저는 숟가락입니다. 남들보다 머리가 크고 어깨가 좁아서 붙여진 별명입니다. 숟가락은 누구에게나 필요할 때 꼭 곁에 있습니다.
>
> 저 스스로를 상품화하여 가치를 매긴다면 저는 1,500원짜리 지원자입니다.
>
> 숟가락 하나는 1,500원입니다. 쇠를 녹여서 바늘을 만들면 1,000원, 말굽을 만들면 7,000원, 자동차를 만들면 수천만 원의 가치가 있습니다. 숟가락은 비록 보잘것없지만 그것을 어떻게 쓰느냐에 따라 잠재적 가치는 달라질 것입니다. 저는 생산꾼으로서 숟가락을 녹여 하나의 기어가 되겠습니다. 기어는 트랜스미션이나 카파엔진에도 없어서는 안 되는 하나의 부품으로, 저 또한 기어처럼 현대위아의 일부분이 되어 일조하겠습니다. 현대위아의 꼭 필요한 지원자 안○필이었습니다. 감사합니다.

위 자기소개의 주인공은 몇 줄 안 되는 이 내용을 과장을 좀 더 보태 100번은 더 수정했다고 했다. 그만큼 본인을 어떻게 캐릭터화해서 임팩트를 줄 것인지 엄청난 고민을 했다는 이야기다.

이 자기소개는 오랜 시간이 지나도록 내 뇌리에서 잊히지 않았다. 나뿐만이 아니라 그곳에서 이 소개를 들었던 사람들은 아직도 이 내용을 잊지 못한다.

'숟가락'과 '안○필'이란 사람과의 매칭이 그 지원자를 본 사람이라면 놀랍도록 100퍼센트 공감이 가기 때문이 첫 번째 이유고, 그의 별명인 '숟가락'으로 어떻게 본인의 가치를 드러냈느냐의 대한 탁월함이 두 번째 이유다.

면접 불변의 법칙, 첫인상이 중요하다

면접관들은 하루에 몇백 명의 지원자들을 마주한다. 그들도 사람이기 때문에 지치기 마련이고 지원자들의 비슷비슷한 1분 자기소개를 계속 듣다 보면 멍해질 때도 있을 것이다. 면접을 진행하면서 각 역량에 대해서 바로바로 확인을 하겠지만 첫 이미지가 굉장히 중요하게 작용한다는 것은 불변의 법칙이다. 만약 숟가락 지원자처럼 자기소개한다면 쉽게 잊히지 않을 것이다.

보통 한 조의 면접자들이 면접을 끝내고 와르르 나가면 그다음 조가 들어오기 전 면접관들끼리 방금 면접을 본 조에 대해 잠깐 이야기할 짬이 있다. 그때 다시 한 번 언급될 수 있는지 없는지가 당락의 중요한 안건이 된다.

만약 그저 그런 자기소개를 했더라면 그들은 지원자의 이름을 기억할 수 없었을 것이다. 물론 면접을 잘 봤다 할지라도 지원자들의 이름을 일일이 다 기억하지 못한다. 이때 '숟가락 그 친구 괜찮던데?'라며 다시 언급되는 순간 합격의 확률은 현저히 올라간다.

지방 인문대생으로서 대기업을 뚫고 지금도 활발하게 강의를 하러 다니는 내 지인은 우리 같은 저스펙 취업준비생들이 꼭 기억해야 할 것이 있다며 다음과 같은 말을 전해주고 싶다고 한다.

> 자기만의 캐릭터(스타일)를 만드는 것은 정말 중요합니다. 회사에서는 능력이 좋은 사람도 뽑지만 같이 일하고 싶은 사람도 뽑습니다. 가끔씩 그다지 스펙이 없어 보이는데 왜 뽑혔을까? 하는 의문이 생기는 사람들이 있습니다. 그 사람들이 뽑힌 이유는 본인을 캐릭터화하여 자연스럽게 면접관들의 뇌리에 남았기 때문입니다.

면접관의 뇌리에 남을 수 있는 비결은 누구나 공감할 수 있는 쉬운 특징을 강조하는 것이다. 면접은 면대면으로 진행된다. 따라서 눈에 띄는 쉬운 특징으로 공감을 일으키고 거기에 스스로의 이미지를 녹여 그 기업이 원하는 인재상에 맞아떨어지게

하면 된다. 위의 '숟가락 지원자' 역시 그렇게 한 덕분에 면접관들의 뇌리에 기억될 수 있다.

자신의 콘셉트를 어떻게 잡을 것인지가 중요하다. 처음 콘셉트를 잡을 때는 매우 신중해야 하고 실제로 많은 수정을 거쳐야 하지만 일단 한 번 완성해놓으면 여기저기에 적용할 수 있다. 그 콘셉트를 고민했던 시간이 아깝지 않게 말이다. 면접관들의 뇌리에 꽂힐 수 있도록 진지하게 생각해보자.

그들은 당신의 이름 석 자에는 관심이 없다. 그들의 머릿속에 상주하려면 캐릭터가 되어야 한다. 그게 바로 우리가 가져가야 할 '다름'이고 '차별화'다.

조급해하지 않는 마인드 컨트롤의 대가가 되어라

마음이 자꾸만 조여온다. 옆에 친구는 벌써 서류 전형에 몇 군데 통과해서 서점에 인적성 책을 사러 간다는데, 나는 대체 언제쯤이나 그럴 수 있을까? 같이 면접을 준비한 사람들이 카톡으로 "저 합격했어요!" 하는데 정작 나는 아무 말도 할 수 없는 상황들을 마주치게 된다.

저스펙인 취업준비생들은 이러한 상황에 더 많이 처할 수 있다. 남들보다 더 많이 마음이 힘들고 지칠 수도 있다. 그럴 때마다 자꾸만 마음이 조급해진다. 이 길이 내 길이 맞는 건지, 내가 이렇게 계속 도전하는 게 잘하고 있는 건지, 그냥 내 욕심은 아닌지, 우리 부모님 등골만 더 휘게 해 불효를 하는 건 아닌지 등등.

확실한 게 하나도 없는 세상이다. 그렇기에 우리의 불안감과 의심은 자꾸만 늘어간다. 그러다 결국 전의를 상실하고 만다.

5년 동안 많은 취업준비생을 보면서, 그리고 나의 취업 준비 시기에 함께한 지인들을 보면서 느낀 것은 '승리하는 자는 조급해하지 않는다'는 것이다. 대기업 취업을 목표로 하는 취업준비생 입장에서 대기업 합격은 승리라고도 할 수 있다. 그리고 그처럼 합격하는 승리자들은 조급해하지 않는다. '나는 언젠가 될 것이고 지금 안절부절못한다고 달라질 게 없다'는 것을 알기 때문에 차분히 한 단계씩 밟아간다. 누군가의 당락에 흔들리지 않고 본인의 길을 묵묵히 걸어나간다. 이는 정말이지 어려운 일이다. 그래서 마인드 컨트롤이 중요하다. 사람은 환경에 휘둘리기 일쑤이기 때문이다.

실제로 누가 먼저 취업을 했는지는 그다지 중요하지 않다. 1년 더 일찍 혹은 더 늦게 입사한다고 해서 달라질 것은 없다.

세상일은 아무도 모른다

말도 잘하고 센스도 있는 A라는 사람과 말수는 적지만 진중하고 진국인 B라는 사람이 있다고 하자. 이 둘은 친한 친구였으며 취업을 준비하는 동아리의 같은 모임이었고 학과도 같았다. A는 그 모임에서 첫 번째로 대기업(D조선) 취업에 성공한다. 역시 너는 될 줄 알았다며 온갖 축하를 받는다. B는 계속 낙방을 한다. 그러다 1년하고도 6개월 후 다른 분야의 대기업(S반도체)에 결국 합격한다.

그 후 3년이 지나자 둘의 관계는 역전되기 시작한다. 중공업 분야에 불황이 닥쳐오면서 D조선은 구조조정과 정리해고를 감행했고, 당시 사원이었던 A는 정리해고를 당하지는 않았지만 성과금과 상여금을 받지도 못한 채 야근까지 해가며 일을 해야만 했다. 회사의 사정이 나아질 기미가 보이지 않자 그는 결국 이직을 준비한다. B는 조금 늦게 입사했지만 반도체 시장이 쭉쭉 계속 성장함에 따라 연봉이 올라가는 것은 물론이고 묵묵하게 일을 해내는 모습을 인정받아 빨리 승진한다.

결국 A는 신입사원으로 이직하고, B는 대리로 승진한다. 빨리 입사를 했던 A가 오히려 신입사원이 되고 B는 대리가 된 것이다.

이처럼 실제로도 인생은 어떻게 격변할지 모른다. 한 치 앞도 알 수 없는 인생이니 지금의 당락에 너무 슬퍼할 이유도, 그렇다고 세상을 다 가진 것처럼 우쭐할 이유도 없다.

합격한 사람이야 마음껏 기뻐해도 된다. 회사에서 실무를 하면서 입사가 끝이 아니라 고난의 시작이란 것을 몸소 느끼게 될 테니. 하지만 탈락한 사람들이라고 비관할 필요가 없다. 인생은 입사한 순서대로 행복하지도, 더 높이 올라가지도 않는다. 본인의 본질과 가치만 그대로라면 언제 입사를 하든 어느 직급으로 있든 인정받기 마련이다.

믿어도 된다. 나는 이런 경우를 아주 많이 봐왔다. 마인드 컨트롤을 잘하라고 해주는 말이기도 하지만 나 자신도 실제로 옆에서 많은 사람을 봐오면서 몸소 느낀 인생의 지혜이기도 하다.

시기가 다를 뿐 꽃은 반드시 핀다

세상을 살다 보면 힘든 순간들이 참 많이 온다. 그러나 지금 취업을 준비하고 있을 취업준비생들은 기껏해야 아직 20대 중반밖에 되지 않았을 테니 수능을 제외하고는 힘든 일을 많이 겪어보지 못했을 것이다. 아마도 취업의 고난이 지금까지 경험한 힘든 일 중 가장 큰 파도일 것이며, 거기에 휩쓸려 너무나 힘들고 지칠 것이다. 이제는 학교처럼 돈을 내고 배울 수 있는 커리큘럼도 없으므로 세상에 내던져지는 게 두려운 것이다.

지금 더 빨리 취업에 성공하는 지인들이 인생을 앞서 나간다고 생각할 수도 있다. '나는 대체 언제'라며 낙담할 수 있다. 그러나 아까 말한 실제 사례에서 볼 수 있듯 인생은 아무도 알 수 없다.

소소한 낙방이란 슬픔에 MSG를 쳐 더 깊은 슬픔에 스스로 빠지지 않기를, 너무 조급한 마음으로 본인을 더 억죄고 있지 말기 바란다. 피는 시기가 다를 뿐, 물을 주고 햇빛을 보면 꽃은 언젠가 핀다는 것을 다시 한 번 말해주고 싶다. 자신을 믿고 한 걸음 한 걸음을 후회 없이 준비하기를. 옆 사람의 소식에 일희일비하며 동요하지 않기를.

당신은 당신대로 나아가면 된다.

가짜 스펙이 아니라 진짜 스펙을 쌓아라

하루는 야근을 마치고 집으로 가는 길에 장문의 카톡을 받았다.

선배님 안녕하십니까?

선배님께서 진행한 모의 면접을 봤었던 ○○과 ○○학번 홍길동이라고 합니다.

바쁘실 것 같아 몇 번을 고민했는데 그럼에도 선배님께 조언을 듣고 싶어 카톡을 남깁니다.

저에게는 대기업 취업이 정말 절실합니다. 입사를 해서 경제적으로나 정신적으로나 꼭 독립하고 싶습니다. 그런데 길이 보이지 않습니다.

지금 상황에서 무엇을 해야 할 지도 막막하고 내가 진짜 할 수나 있을까라는 의심이 들지만 그래도 해내고 싶은 마음이 정말 큽니다. 무언가는 하고 싶은데 그 무언가를 찾지 못해서 선배님께서 바쁘신 건 알지만 조언을 듣고자 연락드렸습니다.

혹시 시간이 나셔서 답장을 주시면 정말로 감사하겠습니다.

차근차근 내용을 읽고 있자니 그 간절함이 내게까지 와닿는 것만 같았다. 문득 이 친구를 돕고 싶다는 생각이 들었다. 나는 그 친구에게 이력서와 자기소개서를 달라고 했고, 그 친구가 가진 강점을 파악하기 위해서 카톡을 나누며 조그만 경험이라도 본인을 어필하는 데 쓰일 만한 것은 다 끄집어내기 시작했다.

소소한 경험도 강점이 된다

누구나 각자의 강점은 존재한다. 그것을 적재적소에 사용하는 방법을 잘 모를 뿐이다. 이제 취업은 점점 '본인을 얼마나 더 잘 드러내느냐'의 싸움이 되고 있다. 그렇기에 좋은 경험이 있어도 그것을 드러내지 않고 표현하지 않으면 말짱 도루묵인 것이다.

본인이 경험한 내용을 곰곰이 생각해보면 이야기를 잘 풀어쓸 수 있는데도 불구하고 본인이 생각하기에 너무 소소한 경험이고 큰 의미가 없을 거라고 여기고 어필할 생각을 하지 못하는 경우가 많다.

그 친구도 마찬가지였다. 큰 임팩트가 있는 스펙은 거의 없었다. 그래서 본인이 한 작은 경험들을 모아 본인만의 콘셉트를 잡아나가야만 했다. 그렇지 않으면 서류 심사 단계에서 어필할 방법이 없었다. 학점도 좋지 않았고 그렇다고 영어 점수나 봉사활동 같은 스펙이 풍부한 것도 아니었기 때문에 강한 임팩트가 없으면 힘들 것 같았다.

특히 주목한 것은 그 친구가 머리가 아니라 손으로 직접 하는 일에 강했다는 점이었다. 이론이 아니라 실제에 강한 것이 장점이었다. 학점 평점은 높지 않았지만 학교 동아리에서 비행체를 만들기도 하고, 학과전공 중 실습으로 평가하는 창의공학설계 같은 부분에 있어서만큼 좋은 학점을 냈다. 또 이야기를 나누며 성향을 끌어내본 결과, 실제로 무에서 유를 만드는 일에 한 번 빠져들면 강한 집중력을 나타냈고 본인도 그것을 좋아했다는 점이다.

이러한 부분을 더 키워 그 친구의 캐릭터로 만들어야 했다. 우선은 본인이 잘하는 것, 즉 무엇을 '만들어내는 일'에 집중하기로 했다.

나는 그 친구에게 '특허'에 도전해볼 것을 제안했다. 뭘 하더라도 본인이 어느 기준 이상으로 하고 싶고 성향이 맞는 것을 파야 한다. 정말 하기 싫고 못하는 것을 자꾸 하라고 해봤자 실제로 성과를 내기란 힘들다. 공부를 싫어하는 친구에게 학점 평균 4.0점을 넘기라 하면 그만큼 고역인 일도 없을 것이다. 본인이 잘하는 것으로 콘셉트를 잡으면 된다. 그리고 그것으로 본인의 강점을 만들어나가면 된다.

결국 그 친구는 내 조언대로 '특허'를 따냈다. 남들이 하지 않는 분야에 선택과 집중을 한 것이다. 특허를 따내느라 영어 점수를 올리거나 재수강을 해 학점을 올리는 등 수치적인 스펙을 올리지는 못했지만, '특허'라는 아주 특별한 스펙을 챙길 수 있었다.

덕분에 그는 변변치 않은 스펙으로도 대부분의 서류 전형을 통과했고 인적성을 지나 몇 군데 면접을 본 끝에 한 회사에 입사했다. 그 면접에서도 가장 많은 질문을 받은 것이 바로 '특허'에 관해서라고 했다. 어떤 특허를 냈으며 어떤 과정을 통해서 냈는지가 질의응답의 대부분이었다고 했다.

캐릭터를 보여줄 수 있는 스펙에 집중하라

당신이라면 어떤 선택을 하겠는가. '특허 따내기 vs 토익 점수·학점 올리기' 중 하나를 골라야 한다면. 아마 대부분이 후자를 택할 것 같다. 이유는 간단하다. 보이지 않는 길을 걷는 건 늘 어려우니까.

남들이 하지 않는 것에 배팅을 하기엔 저 스펙이 취업에 도움이 된다는 보장도 없고 남들도 다 관심이 없어 보인다. 일반화되지 않은 새로운 무언가에 선택과 집중을 하는 것이 두렵고, 그렇다고 정말로 취업을 할 수 있을지 확신도 들지 않는다. 차라리 남들이 다 열을 올리는 것에 배팅하는 것이 마음이 편한 것이다. '저들도 저렇게 열심히 준비하는데, 저게 맞을 거야' 하고.

시간이 그리 많이 남지 않아서 선택과 집중을 해야 한다면 대부분이 하기 때문에 나도 하는, 임팩트 없는 스펙이 아니라 나의 캐릭터를 여실히 드러낼 수 있는 '진짜 스펙'에 집중해보는 것은 어떨까?

남들이 다 갖추고 있는 스펙에 시간과 집중을 할 거라면 그 분야에서 정말 상위권이어야 한다. 그렇지 않다면 임팩트가 없다. 예를 들어 학점 평균이 4.2/4.5점 이상이라든가 공대생 기준 토익 900점 이상, 인문대라면 만점 가까이 받아야 하는 식이다. 그렇지 않으면 면접관들은 이런 스펙들을 절대 관심 있게 보지 않는다.

하지만 학점을 3.5점에서 3.7점으로 올리기 위해 재수강을 하고 토익을 750점에서 800점으로 올리기 위해 공부하는 데는 생각보다 많은 노력과 시간이 들어간다. 설령 열심히 공부해서 그 부분들을 업그레이드했다 하더라도 당신의 노고에 비해서 임팩트는 없다.

명심하자. 무엇이 중요한지를. 대부분의 취업준비생은 없지만 회사의 입장에서 아주 특별하게 바라보는 그런 '진짜 스펙'을 가지기를 바란다.

문제해결력을 키워라

문제해결력을 키우라니, 무슨 말인지 좀 의아해할 수 있다. 여기서 말하는 '문제해결력'이란 센스, 혹은 상황대처능력과 비슷한 뜻이다.

세상이란 생각대로 흘러가지만은 않는다. 늘 예기치 못한 상황과 마주치기 마련이고, 앞으로 나아가기 위해서는 그런 문제들을 하나씩 해결해나가야 한다.

회사라고 예외는 아니다. 회사에서는 더 다이내믹한 상황들이 수없이 찾아오고는 한다. 그런 문제들은 오롯이 나의 잘못인 경우는 없으나, 책임자나 담당이 나라면 일단 내가 해결을 해야만 한다. 그렇기에 면접관들은 면접에서 지원자의 문제해결력을 시험해보려고들 한다. 당황스러운 질문을 던지면 이 지원자는 어떻게 대처할지 보는 것이다.

하지만 많은 지원자들은 이를 압박면접이라 생각하고 머릿속이 하얘져 손을 떨며 입을 굳게 닫게 된다. 면접관은 바로 이런 반응을 노린다. 그들의 페이스에 말려들지 말자. 지원자들이 들었을 때 당황스러운 질문들은 면접관들 역시 당연히 어렵고 대답하기 힘들 것이란 걸 전제로 한 것들이다. 따라서 이럴 때는 차분히 진정하고 어떤 식으로 어떻게 이야기를 할 것인지 빠르게 머리를 굴리는 것이 필요하다.

어떤 친구들을 보면 뭔가 빨리 이야기를 해야겠다는 압박감에 아무 이야기나 뱉고 보기도 한다. 이른바 '아무 말 대잔치'를 하는 것이다. 나는 이 방법을 추천하지 않는다. 잠깐의 생각할 시간을 가지더라도 본인의 생각이 담긴 말을 하는 것이 중요하다.

나도 취업준비생 시절 면접관으로부터 말도 안 되는 질문을 받았을 때 나조차도 내가 무슨 말을 하고 있는지 모를 만큼 아무 말이나 뱉어냈다. 당연히 면접관들도 '얘가 대체 무슨 말을 하나' 싶었을 것이다. 그러면 면접관의 페이스에 말려 들어간 것이다. 부디 그 참사를 당하지 않았으면 좋겠다.

해결책의 장점보다 리스크에 집중하라

5년 동안 모의 면접관을 하면서, 그리고 청춘 멘토를 하면서 느낀 건 지원자들이 엄청난 긴장감에 눌려 본인의 역량을 다 보여주지 못한다는 점이었다. 그리고 아직 대학생인 지원자들은 실무자인 면접관들이 회사에서 어떤 방식으로 일하는지 잘 모르기 때문에 핵심이 되는 내용을 놓치고 전혀 다른 관점에서 엉뚱한 이야기를 하는 문제도 있었었다.

문제해결력을 키운다는 것은 당황스러운 상황에 처했을 때 본인만의 기준을 가지고 해결해 나간다는 뜻이다. 당연히 어렵고 힘들지만 그것을 얼추라도 해내는 것과 아예 해내지 못하는 것과는 엄청난 차이가 있다.

취업준비생들의 모의 면접관으로 가서 프레젠테이션 면접을 할 때였다. 당시의 주제는 '4차 산업혁명에 발맞춘 신기술을 어떻게 본인의 업무에 적용할 것인가'였다. 지원자들이 순서대로 발표를 하는데 하나같이 중요한 부분을 놓치는 것을 볼 수 있었다. 다들 자신이 생각한 배경과 업무 방법, 그리고 이 신기술의 장점만 나열했다.

이것들의 위험 요소나 단점은 잘 언급하지 않았다. 정작 그것이 가장 중요한 요소임에도 불구하고 말이다. 대부분의 회사는 장점이 많은 프로젝트 A보다 리스크가 제일 적은 B를 선택할 가능성이 높다. 따라서 장점을 파악하는 것뿐만 아니라 그만큼 리

스크를 분석하는 데 능해야 한다. 위험 요소 항목을 간단하게라도 짚고 넘어가는 것과 그렇지 않은 것은 큰 차이가 있다. PPT에 쓰지 않더라도 멘트로 넣는 것과 넣지 않는 것에는 큰 차이가 있다.

면접의 승산은 차별성에서 나온다

기업에서 가장 중요하게 보는 상황대처능력과 문제해결력은 다음과 같은 상황에서 알아볼 수 있다.

한 친구가 모의 면접에서 본인이 생각한 기술을 공장 설비에 적용을 시키는 건을 발표했다. 나는 내용을 다 듣고 나서 물었다.

"○○씨, 이 설비를 우리 회사에 도입한다면 대략 얼마의 예산이 들까요?"

그는 당황한 얼굴로 나를 바라보며 멋쩍게 웃다가 "거기까지는 생각을 안 해봤습니다"라고 답했다.

대부분이 그렇다. 알 턱이 없다. 심지어 그것을 묻고 있는 면접관도 본인 회사에 그런 설비들이 몇 개씩 깔려야 적당한지, 총 얼마가 들지 정확히 모른다. 다만 지원자가 어떻게 문제를 해결해나가는지를 보고 싶은 것이다.

프레젠테이션 면접이 끝나고 코멘트를 할 때 그 친구에게 차근차근 설명했다.

이렇게 당황스러운 질문이 나오면 어떻게 대답하는 게 좋을까? 그럴 땐 너만의 기준을 만들고 그 기준에서 이야기하면 돼.

아까 이 새로운 설비를 회사에 도입한다면 얼마가 들 것 같냐고 물었지? 그러면 먼저 자신만의 기준을 세우는 거야. 한 공장에 설비가 몇 대 들어가는지, 회사에 몇 개의 공장이 있는지 잘은 모르지만 일단 그 기준을 세우는 거지.

1대의 설비가 1,000만 원이라고 하고 한 공장에 설비가 5대씩 들어간다고 치면, 그리고 회사에 대략 8개의 공장이 있다고 가정하면 1,000만×5대×8공장=4억 원이지. '총 4억 원 정도의 예산이 들어갈 것으로 생각됩니다'라고 답하면 돼.

그 설비가 1,000만 원이고 2,000만 원이고는 중요한 게 아니야. 또한 한 공장에 5대의 설비가 들어가는지 8대의 설비가 들어가는지도 그렇게 중요하지 않아. 네가 세운 기준에서 그렇게라도 추리를 할 수 있다는 게 중요할 뿐이야. 면접관이 볼 때 이 질문을 받아치는 지원자와 그렇지 못한 지원자 사이에는 큰 차이가 있다고 생각할 수밖에 없어.

이게 바로 문제해결력이거든. 문제를 해결해 나가는 능력과 센스. 이런 것들을 점점 키워 줘야 해. 너의 차별성을 이런 데서 보여줄 수 있어야 한다는 거지.

보통은 이런 센스를 가르쳐주는 사람이 없기 때문에 몰라서 답변하지 못하는 경우가 많다. 프레젠테이션 면접이라 하더라도 채용 프로세스에서는 늘 차별성을 둬야 승산이 있다. 대답하기 난감한 질문이 날아온다면 그 또한 다른 사람과는 다르게 접근해야 기회를 얻을 수 있다.

간절한 사람은 태도가 다르다

간절한 사람과 그렇지 않은 사람들의 차이는 무엇일까?

바로 '태도'다. 일상에서 별로 중요치 않게 넘어가는 행동 하나 하나가 모여 태도가 되고 그 태도가 결과를 만드는데 큰 일조를 한다. 저스펙임에도 불구하고 대기업의 문을 뚫은 사람들의 특징은 '간절함' 속에 나타나는 '태도'에 있다. 그렇지 않은 사람들은 가지고 있지 않은.

경제적으로 빨리 독립을 하고 싶어서, 혹은 대기업이란 타이틀이 너무 탐나 보이고 멋져 보여서든, 일단 '간절함'이란 무기를 장착하면 눈빛부터 달라지며 그전과는 매우 다른 태도를 볼 수 있다.

면접을 보면 면대면으로 마주하기 때문에 간절함의 크기가 보인다. 간절하지 않은 사람이 얼마나 있겠느냐마는 신기하게도 그런 사람과 그렇지 않은 사람은 말투나 조그만 행동에도 티가 나게 되어 있다. 간절함의 정도가 너무 커서 말도 잘 못하고 긴장을 너무 심하게 해 본인의 생각을 전달하지 못하는 정도만 아니라고 하면 그 쫄깃한 긴장감은 신입사원이 되기 위한 신선한 열정으로 비칠 때가 많다.

면접의 기술은 타고나는 것이 아니다

5년째 청춘 멘토를 하고 모의 면접관으로 코칭하는 내게는 그런 것들이 더 분명하게 느껴진다. 발표하는 목소리 톤, 제스처, 인사하는 모습 등 하나하나에 다 배어들어 있다. 어쩌면 면접을 준비하는 태도에서부터 시작되는 것인지도 모른다. 면접을 준비하면서 예상 질문을 작성하고 얼마나 연습하고 시뮬레이션해보았겠는가. 면접을 잘 보고 못 보는 데 선천적인 성향이 많이 좌우한다고 하는데 나는 그 말에 동의하지 않는다. 내가 그랬었기 때문이다.

난 지금은 면접이라고 하면 자신이 있다. 어떤 종류의 면접인가에 따라서 그곳에서 원하는 것들을 뽑아 나를 어떻게 어필해야 할지 알고 있다. 면접관들이 아무리 압박면접을 해도 당황하지 않고 웃으면서 받아칠 준비가 되어 있다.

지금은 이렇지만 원래는 그렇지 못했다. 나의 첫 모의 면접을 생각해보면 아직도 얼굴이 화끈거릴 정도로 망했던 기억이 선명하다. 무의식중에 머리카락을 만지고 시선도 잘 맞추지 못하고 심지어 내가 무슨 말을 하고 있는지 모를 정도로 아무 말 대잔치를 했었다. 너무 떨리고 긴장돼서. 원래 성격은 활발했지만 무슨 일인지 유독 많은 사람 앞에서 이야기하거나 면접을 하면 미친 듯이 떨렸다. 준비한 것들이 머리에서 다 사라질 정도로.

빨리 모의 면접이 끝나서 이 지옥 같은 공간에서 나가고 싶은 마음뿐이었다. 이런 나도 지금은 면접이라고 하면 자신 있는 사람이 되었다. 어느 순간부터 '면접까지만 가자. 면접만 가면 SKY고 뭐고 다 제낄 자신이 있어'라고 생각했다. 그러니까 성향, 성격 때문에 하지 못한다는 것은 핑계다.

첫 모의 면접을 보고 충격을 받은 나는 어떻게든 그 태도를 고쳐야겠다고 생각했다. 마지막 관문인 면접에서 넘어지면 그동안 했던 모든 노력이 물거품이 되는 것이기에. 기본적으로 시선 맞추기부터 자신 있게 할 수 있어야만 했다.

그래서 나는 이런 미친 짓도 해보았다. 앞에서 한 번 이야기했듯 면접 볼 회사의 임원들 사진을 인터넷에서 뒤져 복사, 붙여넣기해서 그림판 속의 3~4명의 면접관들을 앉혀 놓고 그들의 눈을 쳐다보며 면접 준비를 했었다. 대답 없는 화면 속 가상의 면접관들을 보면서. 나도 하다가 중간에 어이가 없어서 웃었던 기억이 난다. '지금 내가 뭘 하는 거지. 취업 준비하다가 드디어 미쳤나' 하면서 말이다.

간절함이 태도를 바꾼다

나는 그때 간절했었다. 무엇 때문에 그렇게 간절했는지 모르지만 기억을 더듬어봤을 때 다들 계속 안 된다고만 하니 그냥 '나'라는 사람이 해낼 수 있다고 보여주고 싶었던 마음이 제일 컸었던 것 같다. 그때 마음 한편에 꼭 해낼 거라는 다짐으로 간절했었기에 변할 수 있었다고 생각한다.

그러니 '난 원래 소극적인 사람이에요. 난 원래 부끄러움이 많은 사람이에요'라고 하지 않기 바란다. 그렇다고 취업을 하지 않을 수도 없지 않은가. 결국 할 거라고 마음먹었다면 그곳에서 만큼은 평소의 나와 다른 내가 될 수 있도록 어떻게든 변할 수 있는 방향으로 노력해야 한다. 간절함이 태도를 바꿔줄 것이다.

이전에도 언급했지만 '마음먹기'가 그 출발점이다. '마음먹기'는 어떤 한 계기를 통해서 생길 가능성이 매우 높다. 어려운 목표를 이뤄낸 사람들에게 물어보면 특정한 계기를 통해 그 일을 하고 싶다고 마음을 먹게 되고, 그런 마음을 먹으니 해내고 싶다는 '간절함'이 마구 샘솟는다고 한다. 그 '마음먹기'가 되지 않으면 그 어떤 좋은 피드백을 들어도, 그 어떤 좋은 강의를 들어도 와닿지 않는다. 그러면 본인에게 꼭 필요한 내용임에도 불구하고 100퍼센트 본인 것으로 만들지 못한다. '그냥 그런가 보다' 하고 넘어가게 된다. 내 마음이 생각했던 원래 한계점으로 다시 본인을 밀어 넣게 된다. '난 원래 그 기업은 무리라고 생각했어'라며.

5년 동안 모의 면접을 봐준 나도 이렇게 지원자들의 간절함의 크기가 느껴질 정도인데 평소 본인의 업무인 인사팀 사람들의 눈에는 얼마나 더 선명하게 그려질지는 안 봐도 불 보듯 뻔하다.

내가 해보겠노라고, 간절히 바라면 될 것이라고 머릿속에 되뇌어보자. 최종 합격 문자를 받았을 때 그 기분이 얼마나 짜릿할지를 상상하며.

5장

저스펙 지원자들의 서류 합격부터 최종 면접까지

첫 두 줄에서 이목을 끌어라

자기소개서의 시즌이 돌아온다.

항상 이 시즌이면 첨삭해줘야 할 여러 자기소개서가 숙제처럼 나를 기다리고 있다. 취업 시즌이 올 때마다 사실 조금은 기대가 되고 설렌다. 어떤 지원자들의 임팩트 있는 스토리가 나올지. 하지만 그 설렘도 잠시, 그들의 자기소개서를 보다 보면 마음을 비우게 된다. 기대와 달리 매력적이지 않은 자기소개서들로 난감한 경우가 많기 때문이다. 딱 2문장만 읽어도 더 이상 읽을 필요가 없어지는 자기소개서들이 많다.

어떻게 보면 그게 당연할 수 있다. 나도 마찬가지였으니까. 내가 제일 처음에 쓴 자기소개서가 현대제철 자기소개서였다.

아직도 기억이 생생하게 난다. 너무 못 써서. 유치원생 일기 수준이라고나 할까.

나도 똑같이 '처음'이라는 시기가 있었기 때문에 그것이 이상하다고 생각되지는 않는다. 다만 이제는 어떻게 써야 한 번 더 읽히고 끝까지 읽히는 자기소개서가 되는지 아는 사람으로서, 그리고 해괴망측하고 말도 안 되는 자기소개서를 먼저 써본 사람으로서 좀 더 빨리 갈 수 있는 길을 가르쳐주고 싶다.

우리는 자기소개서 말고도 할 게 많지 않은가? 자기소개서 이외에도 인적성, 프레젠테이션 면접, 토론 면접, 영어 면접, 임원면접 등 많은 수많은 절차가 기다리고 있기 때문에 멀리 갈 힘을 비축해야 한다.

하지만 그럼에도 자기소개서는 중요하다. 이 첫 번째 관문을 통과하지 못하면 그다음 단계로 넘어가지 못하기 때문이다.

유일한 자기소개서를 써라

다음의 자기소개서는 내가 현대중공업을 다니고 있을 때 이직하기 위해 지원한 현대자동차의 자기소개서다. 자유양식으로 쓰는 것이었는데 내가 왜 현대자동차에 가야 하는지, 지원 동기와 퇴사 동기를 정확하게 밝히기가 너무 어려웠다. 물론 현대중공업에서 현대자동차로 이직한 이유가 자동차를 너무 사랑해서,

혹은 자동차 관련 일을 꼭 해야겠다고 생각해서는 아니었다.

하지만 이직을 하기 위해서는 그럴만한 누구나 납득이 되는 이직 사유와 지원 동기가 필요했다. 그 두 가지를 잡을 만한 소재를 찾아야 했고 그들의 눈길을 끌기 위해서는 처음부터 남들과 다른 방식으로 어필해야겠다고 생각했다. 그래서 다음과 같이 자기소개서를 작성했다.

지게차 여인, 현대차 여인으로의 뚝심 있는 도전

저는 지금 현대차에 세 번째 고백을 하고 있습니다.

첫 번째 고백, 그저 좋았습니다.

막연히 현대차가 멋지고 좋아 보여서, 누구나 그렇듯 현대차라는 네임 밸류에 이끌렸던 것이 사실입니다. 무작정 현대차와 관련된 것이면 찾아보고 달려들었던 마음만 앞섰던 저의 첫 번째 고백은 실패로 돌아갔습니다.

두 번째 고백, 넓고 깊게 볼 수 있었던 눈을 키웠습니다.

좋아하는 일과 잘할 수 있는 일을 현실적으로 바라보기 위해 현대차 재직 선배님들뿐만 아니라 벤더(vendor)사 직원들과도 컨택하며 환상을 걷어낸 채 현실 속의 '현대차'라는 회사를 알아갈 수 있는 소중한 기회였습니다. 그러나 여전히 역부족이었나 봅니다.

세 번째 고백, 저는 지금 세 번째 고백을 하고 있습니다.

'하고 싶은 일에 과감하고 뚝심 있게 도전하라'를 항상 제 마음속 모토로 삼고 실천하고 있습니다. 이번 현대자동차 대졸 신입 채용 지원도 그 과정이라고 생각합니다. 현재 저는 현대중공업 건설장비 사업부에서 지게차 자재 기획 업무를 하고 있습니다.

현대중공업 입사 후에도 조금이라도 차와 관련된 일을 하고 싶어 건설장비 사업부로 지원했고 그중에도 지게차 업무를 맡고 싶다고 어필했습니다.

조선 · 해양 업무도 있는데 왜 하필 비주류인 지게차 자재 업무를 하고 싶냐며 핀잔도 들었지만, 관심분야였던 지게차 자재 업무를 하면서 지게차 운전도 하고 양산 라인의 흐름을 직접 보고 흡수할 수 있었습니다. 또한 현장에 살다시피 하면서 소물부터 대물까지, 라이트부터 휠 림(wheel rim)까지 기본적인 차체의 구석구석 배울 수 있었습니다. 그래서 현장의 반장님들께서는 제게 '지게차 여인'이라는 별명을 붙여 주셨습니다.

바로 지금 '지게차 여인'이 뚝심 있게 '현대차 여인'으로 세 번째 고백을 하고 있습니다.

소제목은 위와 같이 '지게차 여인, 현대차 여인으로의 뚝심 있는 도전'이라고 붙였다.

나의 콘셉트는 바로 지게차 여인이 하는 뚝심 있는 고백이었다. 그리고 읽는 사람이 최대한 납득할 수 있도록 쉽게 풀어 쓰기 위해 노력했다. 다른 공대생들 중 '지게차 여인'이라는 콘셉트로 자기소개서를 쓴 사람이 있을까? 단언컨대 없다고 생각한다. 유일함이 가장 큰 무기이고 이목을 끄는 중요한 요소다. '얘는 대체 뭐지? 궁금하네' 하는 생각이 들면서 쭉쭉 읽어 내려가는 것이다.

나쁜 자기소개서의 공통점

자기소개서의 첫 항목인 지원 동기를 보면 보통 아래 셋 중의 하나를 많이 사용한다.

첫째, 어릴 적 감성 어필. '어릴 적 아버지가 현대차를 타셨는데' 혹은 '우연히 카센터에서 현대차를 보았는데' 등으로 시작한다.

둘째, 전공으로 적성 찾기. 대학교 2학년 ○○강의 과제를 하면서 자연스레 흥미를 붙이게 되거나 적성을 찾았다는 식의 내용이다.

셋째, 경험으로 본인과 그 직무와 맞음을 어필하는 것이다. 여름방학에 아르바이트를 하며 현장 경험을 얻었고 그 경험이 이런 점에서 잘 맞을 것이다 하는 내용이다.

일단 첫 번째 경우가 최악이다. 이제는 저런 식의 지원 동기를 많이 안 쓰기는 하나 요즘에도 가끔 저런 지원 동기를 쓰는 사람이 꼭 있다. 자제하기 바란다. 요즘은 두 번째, 세 번째 경우가 많은데 나는 개인적으로 세 번째 경우를 선호한다. 대학교 전공은 그 전공의 학생이라면 누구나 이수하는 것이므로 큰 임팩트가 없다.

자기소개서는 처음 두 줄에서 이목을 끌지 못하면 끝까지 읽히기 힘들다. 면접관들은 몇천, 몇만 편의 자기소개서를 읽어야 하므로 모든 항목을 정성스레 다 읽고 있을 수는 없는 노릇이다.

'어떻게 처음 소제목과 도입부에서 시선을 끄느냐'가 자기소개서를 쓸 때 가장 큰 핵심임을 잊지 말자. 누가 봐도 매력적인 자기소개서를 위해 어떤 임팩트를 넣을지 많은 고민을 거듭해 해봐야 한다. 없지 않다. 분명히 있으니 곰곰이 생각해보자.

자기소개서, 단 하나도 대충 쓰지 마라

자기소개의 중요성을 말하자면 정말 한도 끝도 없다. 생각보다 많은 취업준비생이 자기소개서의 중요성을 잘 모르고 있는 것을 보고 기회가 되면 꼭 한 번 그 중요성에 대해서 이야기를 해줘야겠다고 다짐했던 적이 있었다. 대부분의 취업준비생이 서류합격의 당락은 스펙으로 걸러지고 자기소개서는 형식적으로 제출하는 것이라고 생각한다. 결론부터 말하자면 전혀 아니다.

요즘 취업준비생들은 스펙 쌓기에 혈안이 되어 있다. '스펙이 안 되면 대기업 취업은 엄두도 못 낸다'는 그런 말들이 뇌리에 새겨져 있는 것만 같다. 하지만 스펙이 되지 않아도 합격하는 사람들이 꽤 많다. 앞 장에서 계속 말해왔듯 회사에서는 '본인만의 것'을 가지고 있는 사람들을 더 가치 있게 본다는 점을 잊지 않았으면 좋겠다.

각 회사가 가지는 최소한의 응시 자격은 모집 공고에 명시되어 있다. 그 응시 자격만 넘으면 지원이 가능하다. 그러니 쫄지 않아도 된다. 본인이 스펙이 낮기 때문에 자기소개서를 잘 적어봤자 불합격하고, 스펙이 높다고 건방을 떨면서 자기소개에 충실하지 않아도 합격하는 것 또한 아니기 때문이다. 회사에서는 지원자들의 가치관이나 생각, 그리고 경험이 들어 있는 자기소개서를 더 많이 본다.

그래서 이렇게 입이 닳고 마르도록 자기소개서의 중요성을 말하고 있는 것이다. 백 번 들어도 한 번 보는 게 낫다고, 정말 자기소개서가 중요하다고 이야기해도 실제 사례를 직접 보는 것이 더 와닿을 듯하다.

지방 사립대, 무토익을 합격으로 이끈 자기소개서

내가 아는 한 친구는 지방 사립대, 그것도 인문대 출신이고 심지어 토익은 아예 없다. 취업준비생 입장에서 보면 대기업은 엄두도 못 낼 스펙이라고도 할 수 있다. 그러나 이 친구는 그렇게 생각하지 않았다. 그녀는 당당히 GS리테일에 갈 것이라고 이야기했고, 진짜 해냈다.

지방대 무토익 인문대가.

그 친구는 나보다 더 자기소개서에 중요성을 말하고는 한다. 스펙이 엉망인 자신이 최종 합격을 한 것을 보면 정말 자기소개서는 중요한 부분이라면서, 본인이 대기업에 붙은 이유는 100퍼센트 자기소개서 덕분이란다.

자, 그러면 그녀를 최종합격으로 이끈 자기소개서를 한 번 보도록 하자.

1,344만 원의 주인공, 준비된 영업 관리자

1,344만 원은 대학 생활 4년간 아르바이트로 제가 번 돈입니다. 적극적이며 밝은 성격으로 다양한 아르바이트 경험을 했습니다. 한곳에서 꾸준히 일하는 것이 좋다고 생각했기에 몇 개월만 일하고 그만두지 않고 몇 년간 끈기 있게 일해왔습니다. 그 결과 카페에서는 최저 시급보다 더 많은 월급을 받을 정도로 인정을 받았고 화장품 가게에서는 주력상품을 할당된 양보다 3배 이상 판매하여 20만 원 상당의 인센티브를 받았습니다.

'언니의 명함'의 대표

끊임없는 아이디어로 창업에 도전했습니다.

타 업체들은 원가가 1,000원인 후가공을 하면서 고객에게 8,000원의 추가금액을 요구했지만 저는 원가 그대로인 1,000원에 후가공하여 명함을 제작해드렸습니다. 후가공에 대한 정확한 정보가 없는 고객들을 속이지 않고 정직하게 판매했습니다. 대신 중고등학생들을 위한 '언니 할인', '1:1 카카오톡 디자인 상담' 등 저만의 여러 가지 마케팅 방법을 통해 다른 부분에서 더 많은 이익을 창출할 수 있었습니다. 저렴한 가격의 고퀄리티 명함쇼핑몰이라는 소문은 빨리 퍼져나갔고 그 결과 월 매출 150만 원 이상을 올릴 수 있었습니다.

어떠한가. 토익이 없어도, 지방 인문대라도 뽑을 만한가.

스펙이란 다른 게 아니다. 대학생활 내내 했던 아르바이트가 그녀의 스펙이었고, 잠깐의 창업이었던 '언니의 명함' CEO가 바로 남들과는 비교도 안 되는 진정한 스펙이었던 것이다.

자기소개서로 매력을 어필하라

이 책을 읽고 있는 당신이 대학교 2~3학년이라면, 그리고 본인의 수치적인 스펙이 좋지 않다면 이렇게 본인만의 캐릭터를 키워 다른 스펙으로 매력을 어필하면 되는 것이다.

만약 취업을 코앞에 둔 4학년이라면 지금까지 자신이 걸어온 길을 곰곰이 생각해보면 된다. 나의 남다른 스펙은 무엇인지. 남은 기간 동안 어떤 것을 어떻게 더 해나갈 것이고 무엇을 주력으로 어필한 것인지를. 그러니 토익 몇 점, 학점 몇 점에 목매달 필요 없다. 그 시간에 본인이 잘하는 것으로 본인만의 스펙을 쌓으면 되니까.

보통 말만 하면 잘 믿지 않으려 한다. 눈으로 보지 못했고 겪어보지 못했기 때문이다. 하지만 나 역시 그랬고, 내 주변 지인들 역시 같은 방식으로 취업에 성공했으므로 나는 확신이 있다. 그런 확신과 믿음을 가졌으면 좋겠다.

그러니 단 하나도 대충 쓰지 마라. 단 한 항목도. 그 하나하나가 바로 당신의 경험치 스펙을 말해준다는 사실을 잊지 말고, 어떤 경험적 스펙을 소개할 것인지를 고민 또 고민하고 신중하게 쓸 것을 권한다.

취업준비생이 가장 궁금해하는 인적성 비법

강의를 다녀오면 한 번씩 메일이나 카카오톡으로 인적성에 대한 질문을 받을 때가 있다. 일반적으로는 자기소개서, 면접에 대한 질문을 많이 하지만 가끔 인적성에 대해 묻는 취업준비생들이 꼭 있다. 취업준비생들이 가장 자주 묻는 인적성 관련 질문은 다음과 같다.

- 인적성 준비는 언제부터 어떻게 해야 하나요?
- 시간이 없을 땐 찍는 게 낫나요, 아니면 그냥 두는 게 낫나요?
- 인성의 탈락 기준은 무엇인가요?

인적성은 면접으로 가는 관문이기 때문에 여기서 떨어지면 면접의 기회조차 얻을 수 없다. 그래서인지 인적성의 평가 기준 및 준비 방법에 대해 궁금해하는 지원자들이 많은 것 같다.

인적성은 한 만큼 나온다

사실 이런 내용은 인터넷에 검색해도 잘 나오지 않고, 누구 하나 속 시원하게 이야기해주는 사람도 없다. 그래서 취업준비생들이 더 궁금해하는 것일지도 모르겠다. 면접이란 마지막 관문 앞 또 다른 하나의 관문이기 때문이다.

그럼 위 질문을 하나씩 살펴보도록 하겠다.

인적성 준비는 언제부터 어떻게 해야 하나요?

사람마다 차이가 있겠지만 인적성 준비는 1차 서류 지원을 하고 나서 준비해도 됩니다. 삼성그룹 직무적성검사의 경우, 2015년 SSAT가 GSAT로 변경되면서 직무적합성평가에 통과해야만 GSAT에 응시할 수 있고, 2018년부터 상식이 폐지되어 이전과는 다르게 서류 지원을 하고 나서 인적성을 공부해도 늦지 않습니다. 이제는 삼성이든 현대든 대부분의 적성은 문제를 짧은 시간 안에 확률적으로 누가 더 많이 맞히느냐의 싸움이기 때문입니다. 짧은 시간 안에 문제를 반복적으로 많이 풀어서 문제별 유형을 익힌다면 충분합니다.

간혹 인적성을 미리 준비하는 지원자들이 있는데, 시간이 남는다면 인적성 준비를 미리 해도 됩니다. 하지만 시간이 촉박하다면 시기가 닥쳐서 준비하는 것이 좋습니다. 이때가 가장 현실감 있게 받아들여져 집중도가 높습니다.

보통 서류 전형 결과 발표와 인적성 시험 날짜 간의 간격은 일주일입니다. 상시채용 등 채용 전형의 다양화로 인해 간격이 이보다 줄어들 수 있습니다. 상황에 따라 일주일 정도는 준비기간으로 확보할 수 있도록 해야 합니다.

지원하고자 하는 기업의 전형에 맞는 인적성 책을 구매하여 스톱워치로 시간을 재가며 실제와 똑같은 환경에서 문제를 푸는 것이 가장 중요합니다. 풀지 못한 부분은 풀지 못한 대로 넘어가고 본인이 얼마만큼 풀 수 있는지 파악하는 것도 굉장히 중요합니다. 그리고 틀린 부분을 복습하면서 여러 유형을 익히는 것이 좋습니다.

그러고 나서 다른 출판사에서 나온 같은 기업의 인적성 책을 추가로 한 권(실전모의고사 등) 구매해 실전처럼 똑같이 스톱워치를 재가며 풀이합니다. 그 두 권만 완벽하게 숙지했다면 적성 관문은 어렵지 않게 넘어갈 수 있습니다. 물론 인성에서 예외적으로 탈락하는 것을 제외하면 말입니다.

시간이 없을 땐 찍는 게 낫나요, 아니면 그냥 두는 게 낫나요?

제일 많이 하는 질문입니다. “인적성을 치는데 시간은 없고 다 풀지는 못하겠고, 찍는 게 더 이득인가요? 아니면 마킹을 안 하고 그냥 두는 게 맞나요?" 이 문제에 정답은 없습니다. 기업마다 기준이 다를뿐더러 기업 내에서도 기밀로 유지되고 있는 사항이기 때문입니다.

실제로 인적성 감독관으로 갔을 때 인사팀 담당자에게 살짝 물어보았지만 그 기준은 기밀사항이며 어떤 기준이든 당락을 좌우할 만큼 큰 문제는 아니라고 답변했습니다. 그러니 그런 생각보다도 고사장에 들어가기 전에 조금이나마 최선을 다하는 것이 가장 현명할 것 같습니다.

인성의 탈락 기준은 무엇인가요?

인적성에서 적성을 빼고 인성을 어떻게 봐야 하는지도 많이들 궁금해 합니다.

적성은 미리 공부라도 해둘 수 있습니다. 언어, 추리, 공간지각 등 적성책을 사서 공부하면 미리 대비를 할 수 있고, 그에 맞는 답 또한 있습니다. 그러나 인성 같은 경우는 어떤 문제가 나올지, 정답이 무엇인지 정해져 있지 않습니다. 그냥 그 사람 자체를 보는 것이니까요. 기업마다 추구하는 인재상이 다르고 그에 맞는 문제도 다 다르게 출제됩니다.

한 가지 명심할 것이 있다면 인성에서는 '일관성'이 가장 중요하다는 점입니다. 어떤 답을 하든 '나'라는 사람에 대해 본인 스스로 정의를 내려놓고 일관성 있게 답하시기 바랍니다. 반복된 질문이 조금씩 단어만 바뀌어 나오는 경우가 많으므로 이전에는 이렇게 선택했는데 그 후 비슷한 문항에서는 다르게 선택하는 착오가 없어야 합니다.

인적성에도 선택과 집중이 필요하다

사람마다 생각하는 사고나 기준이 다를 수 있겠지만 내가 겪었던 인적성에 대한 팁을 써본다면, 감히 이렇게 말하고 싶다.

나는 선택과 집중을 했다.

크게는 삼성 SSAT(지금은 GSAT로 바뀌었다)와 현대 HMAT 두 가지 인적성 중 하나를 골라 준비했다. 취업 준비를 할 때 우연의 일치인지 몰라도 삼성의 인적성 날짜와 현대건설의 인적성 날짜가 겹쳤다. 둘 중 하나를 골라야 하는 상황이었다. 나는 인적성을 준비하면서 나의 성향과 강점을 파악해 어떤 시험 유형이 내게 더 유리할지를 고려해 판단했고, 결과적으로 순발력을 요하는 HMAT에 선택과 집중을 했다.

인적성에도 선택과 집중이 필요하다. 실제로 한두 번 쳐보면 느낌이 온다. 내가 그래도 해볼 만한 시험 유형인지 그렇지 않은 유형인지. 할 수 있을 것 같은 유형을 골라 거기에 올인하라. 그리고 그 유형의 시험을 보는 기업들을 집중적으로 공략해 승률을 높여라.

인적성은 대기업을 입사하기 위한 하나의 관문이자, 데이터로 지원자를 거르는 마지막 단계다. 이제 면대면 면접이 코앞이다. 떨리는 마음으로 면접장 대기실에 앉아있는 나를 상상하면서 심기일전해보자.

다시 한번 요약하자면 적성 공부는 총 두 권의 책으로 공부하되, 한 권으로는 꼼꼼하게 유형을 익히고 나머지 한 권은 실전용으로 실제 고사장에서와 똑같이 스톱워치를 사용하여 반복 준비하는 것이 좋다. 반면 인성은 정답이 없다. 일관성이 제일 중요하다. 그 중심이 흔들리지 않도록 본인 스스로 내가 어떤 사람인지 정의를 내려보고 시험에 일관성 있게 답해야 한다.

쓸 수 있는 곳은 다 써봐라

취업준비생들이 자기소개서를 편식하면서 골라 쓰는 모습을 자주 봐왔다. 어떤 이유건 간에 자신 앞에 놓인 선택지를 다 써보지 않고 끝내는 경우를 자주 본다. 이유는 여러 가지지만 대표적인 이유 두 가지만 들어 보겠다.

첫째, 자신이 없어서. 내가 감히 이 회사에 붙을 리가 없다고 생각한다. 혼자 상상 속에서 이미 지원을 하고 탈락이란 결과를 내린 셈이다. 나는 생각보다 이런 친구들이 많다는 것을 알고 놀랐다. 아니, 밑져야 본전인데 일단 본인이 할 수 있을 만큼은 해놓고 결과를 겸허히 받아들여야 맞는 것 아닌가. 그런데 그들은 마음속의 스스로를 너무나 빨리 포기해버린 것이다. 도전하지 않으면 당연히 기회는 없다.

둘째, 가고 싶은 기업이 확실해서. 내가 취업 준비를 할 때도 그랬고, 5년째 청춘 멘토와 모의 면접관으로 지내오면서 고집 있는 친구들을 자주 보았다. 한두 군데 기업을 두고 거기 아니면 안 되겠다는 친구들이 있다. 본인은 곧 죽어도 그 기업을 가야 한단다. 하지만 도전을 적게 하면 확률도 낮은 법. 몇 번 탈락의 고배를 마신 끝에 겨우 들어간, 본인이 그렇게 원한다던 기업에서 결국 퇴사를 하는 사람도 보았고 생각과는 다른 분위기나 업무 스타일로 힘들어하는 모습도 자주 보았다.

선택지는 많을수록 좋다

우리의 신분은 취업준비생이다. 혹은 대학생. 과연 본인이 그렇게 고집해서 가고 싶은 그 기업에 대해 얼마나 알 수 있을까? 그 회사에는 부서도 엄청나게 많고 부서마다 팀장이나 부서장에 따라 마치 다른 회사처럼 분위기나 업무를 처리하는 방법들이 다 다르다. 그런 변수가 많은 가운데 본인이 원하는 기업을 고집해서 잘되는 경우는 잘 보지 못했다. 고집을 버려라.

어떤 이유이든 본인 앞에 놓인 선택지를 백분 잘 활용하길 바란다. 내가 몸소 겪어낸 경험이고 그 이후 취업준비생들과 만나오며, 그리고 그들을 또 겪어보며 피부로 느낀 것이다. 그러니 믿어도 된다. 일단 서류 전형에 통과하고 나서 인적성이나 면접 일정이 겹친다면 그때 가서 선택하면 된다.

취업준비생 입장에서 이것저것 따질 때가 아니라고, 선택할 권한이 없다고 말하는 게 아니다. 취업하기 힘드니 닥치는 대로 그냥 써보라는 것도 아니다. 아직은 회사에 대해서 잘 모르는 입장에서 가고 싶다고 고집한 회사가 본인의 상상 속에 있는 회사가 아닐 가능성이 높다고 말해주고 싶은 것이다. 뿐만 아니라 워낙 많은 부서가 있기 때문에 그중에 어느 부서에 가느냐에 따라 그 허상이 깨질 확률이 95퍼센트 이상이다. 그러니 고집부리지 말고 나를 선택해주는 곳 중에서 고르는 것이 더 빠르고 현명하다.

자기소개서를 편식하지 마라

얼마 전 모의 면접관으로 취업준비생들을 만나러 갔는데, 딱 하반기 자기소개서 시즌이었기에 지원에 대한 질문이 많이 쏟아져나왔다. 처음 서보는 취업의 출발선상에서 낯설어하는 모습들이 5년 전 내 모습처럼 보일 때가 많아 더 정성껏, 그리고 각자의 특징에 집중해서 대한다. 그래서 정해진 시간보다 조금 더 시간을 할애하여 그들의 강점과 약점을 분석 후 개인마다 피드백을 준다.

하지만 취업이 더 어려워지고 힘들어져도 자기소개서를 편식해서 쓰는 지원자가 있다. 가장 최근에 만났던 친구는 같은 분야의 회사인데도 모 회사는 '서류 컷'이 너무 높아서 쓰지 않을 것이라고 했다. 서류 컷? 그것을 누가 정해놓았나? 회사들은 다 다른 기준으로 서류 합격 여부를 결정짓는다. 혼자 '그 회사는 컷이 너무 높아 안 돼'라고 생각하면 안 된다.

비슷한 분야의 회사라면 어쨌든 물어보는 항목도 비슷비슷할 것이다. 각 회사가 자기소개서에서 보는 내용은 그렇게 상이하지 않다. 정말 튀는 몇 문항을 제외하면 본인이 쓴 기본 자기소개서에 그 회사가 원하는 가치를 덧붙여서 다듬으면 된다. 아예 무에서 유를 창조하는 것만큼 시간이 많이 드는 것도 아니므로 부담이 많이 되지는 않을 것이다. 혹시 아나, 자기소개서의 어떤 부분이 회사의 마음에 들어서 서류 전형에 합격할지. 세상일은 아무도 모른다. 함부로 단정 짓지 않기를 바란다.

면접장에서도 배우는 것이 있다

평소에 그리 관심 없던 회사라도 일단은 지원해볼 것을 추천한다. 자기소개서 작성시간이 부담스러울 정도로 오래 걸리지만 않는다면.

내가 그 회사에 지원해서 합격한다 치자. 면접에 가서 그 회사에 대한 관심도도 없고 별로 가고 싶은 마음이 없어서 떨어진다 해도 큰 경험을 하는 셈이 되는 것이다. 모의 면접은 정말 중요하다. 그런데 실제 면접 현장에서 모의 면접을 해볼 수 있다는 것은 정말 귀중한 경험이다.

모의 면접은 진짜 면접 환경을 따라가지 못한다. 그러니 어찌 되었든 본인에게 득이 되는 것이다. '난 어차피 이 회사 안 갈 건데'라고 생각하지 말고 일단 쓸 수 있는 곳은 다 써봐라.

나 또한 별로 생각지 않았던 곳에서 부담 없이 면접을 보면서 실제 면접 환경과 분위기를 현장에서 느끼고 배울 수 있었다. 그리고 다른 지원자들의 센스 있는 답변들을 들으며 '아, 이렇게 대답할 수도 있구나', 혹은 '만약 나한테 저 질문이 들어온다면 나는 이렇게 이야기할 텐데' 등 참으로 배울 것이 많았다. 비록 그 회사에 관심이 없다 한들 나에게 너무나 값진 경험으로 돌아왔던 것이다.

쓸 수 있는 조건이 된다면, 그리고 자기소개서를 작성하는 데 너무 큰 부담만 되지 않는다면 다 써봐라. 편식하지 말고. 결과가 어찌 되었든 결국엔 다 당신에게 돌아올 것이다.

면접관들은 당신을 싫어하지 않는다

어떤 대학을 나왔든, 면접장에서 떨지 않는 사람은 없다. 면접장 앞에서 대기하고 있는 지원자들을 보면 그렇게 긴장이 될 수가 없다. 목은 타들어가고 얼굴엔 긴장한 기색이 역력하다.

실제로 나는 참 많은 면접을 봤다. 지원자로서 대략 열 번 이상의 실제 면접을 경험했고 모의 면접관으로서는 횟수로 셀 수 없을 정도로 5년간 많은 취업준비생의 면접을 담당했다.

두 가지 입장을 다 겪어보고, 또 내가 실제로 경험한 열 번이 넘는 면접 중 내가 떨어진 면접과 붙었던 면접의 차이점을 고민하다 보니 이제 면접은 어딜 가나 자신 있는 분야가 되었다.

지원자들이 가장 두려워하는 압박면접

너무나 떨리는 그들이 가장 두려워하는 순간이 있다. 바로 '면접관들이 압박면접을 할 때'다. 처음 압박면접을 경험해보면 정말 간이 콩알만 해지고 머릿속은 하얗게 변한다. 심한 경우에는 눈은 초점을 잃고 손과 목소리까지 덜덜 떨려온다. 최악의 경우 본인도 무슨 말을 하고 있는지 모를 만큼 횡설수설한다.

과연 압박면접을 하는 면접관들은 지원자들이 마음에 들지 않아서 이러는 것일까?

결론적으로 말하면 그들은 당신을 싫어하지 않는다. 절대. 그 분위기에 넘어가지 마라. 처음 본 딸, 아들 같은 지원자들이 먹고살아 보겠다고 아등바등 취업하기 위해 열심히 애쓰고 있는데 뭐가 미워서 그렇게 몰아붙이고 질타를 하겠는가.

그들은 지원자를 시험하고 있는 것이다. 학생 신분일 때는 하기 싫은 공부도 하고 치열하게 취업 준비를 한다고 하지만 그래도 학교는 돈을 내고 다니는 곳이다. 술을 잔뜩 마시고 그다음 날 강의를 못 들어도 아무도 뭐라고 할 사람이 없다. 단지 출석부에 결석으로 처리될 뿐.

그러나 회사는 다르다. 돈을 받고 다니는 곳이다. 돈을 내고 다녔던 학교도 재밌지만은 않은데 돈을 받고 다니는 회사는 오죽하겠는가. 면접관들은 그 부분을 테스트해보고 싶은 것이다. 사회는 당신이 생각한 것만큼 유쾌하지만은 않다는 것을. 지금

이만한 압박면접을 견디지 못하면 이 냉혹한 사회에 적응하지 못하고 빨리 나가떨어질 것이라는 사실을 누구보다도 잘 알고 있기에.

'멘털 붕괴'의 함정에 빠지지 마라

내가 경험했던 가장 큰 압박면접은 바로 이직할 때였다. 압박면접에서는 아무래도 이직자들이 타깃이 되기 쉽다. 일단 그 지원자가 왜 전 회사를 퇴사했는지 궁금하기도 할뿐더러, 무슨 이유가 되었든 '결국엔 못 버티고 나왔구나'라는 선입견이 이미 박혀 있기 때문이다.

생각해보면 그때 엄청난 압박을 받았던 것 같다.

"왜 그 좋은 회사를 1년 만에 나오시려고 하는 거에요?"

"안 맞다 싶으면 또 이 회사 다니다가도 언제든 퇴사할 수도 있는 거네요?"

"본인이 못 버텼다고는 생각하지는 않나요?" 등의 질문들로 나를 벼랑 끝으로 떠밀었다.

물론 신입 지원자들에게도 압박면접을 많이 한다. 보통 인성이나 전공 면접으로. 예를 들면 이런 것이다.

"본인이 생각했을 때 본인의 단점은 뭐라고 생각하세요?"

그러면 보통 지원자는 자신의 단점을 최대한 장점화시켜서 미리 준비해온 대답을 할 것이다. 그러면 그때 말을 끊고 "아니, 본인의 단점을 말하라고요. 방금 말한 건 단점이 아닌 것 같은데. 본인이 생각했을 때 본인 단점이 없는 것 같나요?"라고 질문을 던지는 식이다.

혹은 프레젠테이션 면접이나 전공 면접에서 면접관이 질문을 던졌을 때 잘 모르는 부분이 나와서 횡설수설하면 "질문드린 내용의 핵심을 모르겠어요? 지금 그걸 물어본 게 아닌데 왜 자꾸 이상한 소리만 하는지 모르겠네요. 제가 질문한 내용은 무엇무엇이에요. 다시 똑같은 질문에 대해 대답해보세요"라는 식으로 압박면접을 하기도 한다.

면접 현장에 있으면 그 묵직한 압박감은 이루 말로 표현할 수 없다. 그때부터 소위 '멘털'이란 것에 금이 가기 시작한다. 그러면 대부분의 지원자들은 더 횡설수설하기 마련이다. 심지어 내 옆에 있던 지원자가 아예 말을 못하는 경우도 보았다. 압박감에 짓눌려 입을 떼지 못하는 것이다.

현대자동차로 이직하려는 면접에서 압박 질문을 심하게 받았을 때도 나는 미소를 잃지 않으며 여유롭게 대답하려고 노력했다. 그들이 내가 답변을 하는 도중에 말을 끊고 불쑥 들어와도 흔들림 없이 차분하되 단호한 말투로, 그리고 미소 짓는 얼굴로 이야기를 이어나갔다. 내가 싫어서 그렇게 하는 게 아니란 걸 누구보다 잘 알고 있었기 때문이다. 면접을 다 마치고 나가는데 맨

오른쪽에서 나를 제일 많이 압박하던 면접관이 혼잣말로 이야기하는 것을 들었다.

"저 여자 지원자는 어떻게 압박해도 먹히지가 않네."

만약 거기서 '멘털 붕괴'가 와 이러지도 저러지도 못했더라면 나의 간절했던 이직의 꿈은 수포로 돌아갔을 것이다. 마인드 컨트롤이 그만큼 중요하다. 그러기 위해서는 그들의 압박에 잡아먹히지 않을 내면의 중심이 꼿꼿이 서 있어야만 한다.

'그들은 날 싫어하지 않는다'는 것만큼은 면접장에 들어가기 전에 몇 번이고 되뇌자. 그들은 이깟 압박도 못 견디면 입사 후 더 심한 극한의 상황에서 지원자들이 버티지 못할 거라고 생각한다. 쫄지 말고, 당황하지도 말고 차분해져라. 혹시라도 면접관들이 나를 좀 압박해온다 싶으면 계속 되뇌자. '그들은 나를 싫어하지 않는다'고.

초조해하지 말고 확실한 것부터 차분하게

취업 준비를 할 때 신경 써야 할 부분 중 하나가 바로 '마인드 컨트롤'이다. 취업을 준비하는 시기에 가장 무너지기 쉽기 때문이다. 사람은 분위기와 환경에 쉽게 좌우된다. 그리고 본인도 모르게 무의식중에 남들과 비교를 하는 습성이 있다. 이런 데서 오는 초조함과 불안함은 취업 전형의 절차가 진행되면 진행될수록 더 심하게 나타난다.

취업준비생들은 서류 전형에 붙은 사람과 붙지 못한 사람, 인적성에 합격한 사람과 그렇지 못한 사람, 면접을 보고 최종 합격 문자를 받은 사람과 받지 못한 사람으로 나뉜다. 이런 과정에서 합격하지 못한 사람들은 마음이 떠버린다.

같이 인적성을 준비한 친구가 내일 면접이란다. 부럽기도 하고 묘한 감정이다. '나도 면접 가면 잘할 수 있는데'라는 생각이 머릿속을 지배하기 시작한다. 그런 생각에 빠져들면 점점 초조해지면서 본인이 지금 무엇을 해야 할 때인지를 놓치게 된다.

바로 이럴 때일수록 더욱 정신을 바짝 차리고 본인의 중심을 지켜야 한다. 현실적으로 무엇부터 시작해야 할지 우선순위를 정확히 세우자. 먼저 확실한 것부터 차분하게 하나씩 하나씩 해나가면서 내가 분위기를 주도해갈 수 있도록 만들어야 한다.

오기와 용기와 깡으로 버텨라

도서관이나 취업동아리에서 같이 취업을 준비하는 사람들끼리 열심히 모여서 준비하다가 전형이 진행될 때 본인이 떨어지면 그때부터 연락을 끊고 잠수 타는 사람들이 있다. 떨어진 게 부끄러운 것도 아니고 한두 번 떨어질 것도 아닌데 꼭 이런 사람들이 있다. 떨어진 게 창피해서 그런지 아니면 본인이 탈락의 고배를 마신 후 마음을 다잡지 못해서 그런지는 모르겠지만 말이다.

취업준비생들은 사법고시나 행정고시 같은 하나의 시험을 보고 달려가는 것이 아니다. 그러므로 하나에서 미끄러져도 그 한 가지를 제외한 다른 것을 위해 계속 뛰어야 한다. 적어도 취업을 준비하는 그때에는 말이다. 한 번 넘어졌다고 거기서 멘털이 흔들려서 우왕좌왕하면 안 된다.

물론 하루 이틀 정도 바람을 쐬고 온다거나 기분을 전환할 시간을 갖는 것은 괜찮다. 이런 짧은 휴식은 털고 일어날 힘을 준다. 그러나 그 하나 때문에 몇 주, 길게는 한 달이 넘도록 갈피를 못 잡는다면 곤란하다.

저스펙으로 대기업에 취업하고자 하는 마음을 먹었다면 그 정도로 멘털이 흔들려서는 안 된다. 처음에도 말했듯 마음 한편에 오기와 용기를 심고 시작해야 한다. '깡'이 있어야 한다는 말이다. '그래, 다 안 된다고 해도 내가 당당히 해내 볼 거야'라고 마음을 굳게 가져야 한다. 그러니 더 이상 초조해하지 말자. 서류 전형에서 떨어졌든 인적성에서 떨어졌든 마지막 최종 관문인 면접에서 탈락의 고배를 마셨든 간에.

나는 비교적 큰일에는 대범한 편이었다. 작은 일보다 오히려 큰일이 생겼을 때 멘털이 강한 편이라고 해야 하나. 그래서 그런지 취업을 준비하는 데 있어 스스로의 마음을 잘 가다듬었던 것 같다.

예외적이라면 한 면접에서 임원으로부터 '한주형 씨와 일할 날이 기대된다'라는, 정말 확실한 코멘트를 받고 면접을 끝냈는데도 최종 면접에서 탈락의 고배를 마셨을 때였다. 다른 회사는 몰라도 정말 그 회사만큼은 합격일 줄 알았기에 그때가 가장 나에겐 큰 충격으로 다가왔었다. 보통 이렇게 확실한 호감의 표시를 잘 하지 않는데 적극적으로, 그것도 임원이 그런 말을 했다는 것은 합격이나 다름없다 생각했기 때문이다. 지금도 그때 기억이 생생하게 난다. 전산 오류인 것 같아서 합격자 조회를 한 열 번은 넘게 했던 기억. 왜 그런 말을 듣고도 불합격이었는지 결국 이유를 알아내진 못했지만 말이다.

이렇게 한 번씩 정신을 못 차리게 하는 일들이 일어나기 마련이다. 하지만 빨리 툭툭 털고 일어나야 한다. 그 슬픔을 오래 가지고 간다 해도 본인에게 딱히 득이 될게 하나도 없기 때문이다. 〈신과 함께〉라는 영화에서도 그런 말이 나온다. "지나간 슬픔에 새로운 눈물을 낭비하지 말자."

나쁜 일도 결국은 좋은 일이 되어 돌아온다

신기하게도 아픈 추억이었던 그 사건은 내게 다행이란 결과로 다가왔다. 그곳에서 탈락의 고배를 마신 나는 다른 회사에 입사했다. 그런데 2년 후 내가 합격하지 못했던 기업이 속해 있는 산업에 갑작스러운 불황이 오면서 회사가 휘청거리기 시작했다. 직원들에게 성과금을 지급하지 못할 정도로 어려워지면서 희망퇴직을 받았고 회사의 미래가 보이지 않게 되자 그곳의 사원, 대리들은 이직의 위험을 감수해서라도 그곳을 떠나야만 했다. 만야 내가 그 회사에 입사했더라면 똑같은 상황에 처했을 것이다.

어떤 좋지 않은 일이 일어날 때 나는 이 말을 떠올린다. "지금의 이 슬픈 일이 나중엔 결국 더 큰 좋은 일로 돌려주려고 그러는구나." 긍정적으로 생각하라는 식으로 일부러 세뇌시키려는 것이 아니다. 위에서 말한 경험처럼 이와 비슷한 일들을 겪어보면서 몸소 느낀 것이다. 그리고 깨달았다. '아, 안 좋은 일이 있어도 슬퍼할 일만은 아니구나. 이 일을 계기로 나한테는 앞으로 더 좋은 일이 일어날 거니까'라고 말이다. 그러니 초조해할 필요 없다.

함께 취업을 준비하던 옆의 친구가 최종 합격 문자를 받아도, 아는 선배가 여러 회사에 합격해서 어디에 갈지 고르고 있다고 해도 당신은 묵묵히 당신의 갈 길을 가면 된다. 어차피 돈은 평생 벌어야 하고, 긴 시간 고되고 지친 직장생활을 하며 살 것이기 때문이다.

이렇게 생각해보자. 아직 취업되지 않은 덕분에 나는 좀 더 나만의 시간을 가질 수 있다고. 이미 회사에 합격한 사람들에 비하면 나는 커피 한잔 마시고 싶을 때 주위 눈치 볼 필요 없이 카페에 가서 여유롭게 커피를 마실 수 있고, 점심시간에 쫓기듯 밥을 먹지 않아도 되고, 보고서를 잘못 썼다고 상사에게 털릴 일도 없다고.

애써 마음의 위로를 하라는 게 아니다. 반년, 혹은 1년 늦게 취업한다고 주눅들 필요 없다. 그 나름의 상황을 즐기며 오기를 가지고 다음 시즌에는 기필코 해내보겠다고 다짐하라. 확실한 것부터 차분히 다시 시작하면 되는 것이다.

1. 질문할 수밖에 없는 예상질문 리스트에 시간을 쏟아라, 나만의 답변이 중요하다.

면접을 볼 땐 본인의 상황이나 그 업종에 따라 꼭 질문할 수밖에 항목들이 있다. 일단 그것부터 본인만의 답변을 만들어라. 예를 들면 나 같은 경우 지원하는 기업들이 대부분 제조업 분야였고 특히 여성 지원자였기 때문에 필수적으로 나올 만한 예상 질문이 "남자도 하기 힘들어서 중간에 많이 그만두는데 매우 힘든 직무인데 여잔데 괜찮겠어요?"라는 질문이었다. 정말 많은 면접을 봤지만 대부분의 기업에서 이 질문은 빠지지 않고 들었던 것 같다. 그것에 대처할 나만의 내 경험을 녹인 대답이 필요하다.

영혼 없이 "저는 할 수 있습니다" 같은 밑도 끝도 없는 자신감만 있는 답변은 가치가 없다. 나만의 경험이나 가치를 녹인 답변이어야 면접관들의 마음에 와닿을 수 있다. 다음의 경우처럼 말이다.

"시골 밭만 있는 곳에서 식재료들을 직접 따먹으며 끼니를 해결하며 화장실도 없는 곳에서 두 달가량 생활을 했던 적이 있습니다. 그때 화장실을 직접 파서 썼던 경험이 있습니다. 물론 그때도 남자든 여자든 똑같이 힘들어했습니다. 하지만 같은 상황에서도 어떻게 대처하느냐에 따라, 또 어떤 마음가짐을 가지느냐에 따라 그 결과는 다르다고 생각합니다. '여자라서 난 못해'라는 생각을 하지 않고 손수 화장실을 파서 썼던 저력으로 충분히 해내리라 생각합니다."

위와 같은 식으로 본인만의 스토리나 이야기를 녹여야 한다. 내가 왜 충분히 해낼 수 있을지를 가늠하게 해줘야 설득력이 생기는 것이다. 남들이 다 하는 답변 말고 나만의 답변을 만들기 위한 과정이 필요하다.

나 또한 질문 하나에 꼬박 며칠을 고민한 적도 있다. 그 과정을 겪어내면서 예상 질문 외의 여러 가지 질문에 대한 답변도 자연스레 생각해볼 수 있으므로 면접을 앞두고 반드시 나만의 답변을 준비하자.

2. 이 회사가 날 왜 뽑아야 하는지 염두에 두고 답변하는 연습을 하라.

면접관들의 모든 질문 속엔 "우리가 당신을 뽑아야 하는 이유가 뭐죠?" 라는 의문이 베이스로 깔려 있다. 이 질문을 대놓고 하는 면접관들은 거의 없지만 이 질문을 항상 염두에 두고 답변을 하는 연습은 매우 중요하다. 그냥 생각의 흐름대로 이야기하는 것이 아니고 당신의 어떤 부분이 이 회사에 플러스가 될 것인지를 늘 염두에 두어야 한다.

혹시나 압박질문이 들어올 시에는 대놓고 묻는 경우도 생기므로 당황하지 않으려면 내가 이 회사 이 직무에 어떤 보탬이 될 수 있을지, 현실적으로 사소한 것이라도 좋다. 미리 생각해본 것과 그렇지 않은 것엔 큰 차이가 있으므로 꼭 두세 가지는 고민을 해서 생각해 놓기를 바란다.

3. 100에 90은 다 똑같은 지원 동기, 억지로라도 진정성을 담아 말이 되게 하자.

지원 동기는 어느 기업이나 중요하게 보는 것 중 하나다. 면접관이 "우리 회사에 지원한 이유가 뭐죠?"라고 묻는다면 뭐라고 답하겠는가?

가장 최악의 답변은 이것이다. 자동차 회사라면 "어렸을 적 저희 아버지께서는 소나타를 타셨습니다. 그때부터 현대차에 관심이 생겼고…"로 시작하는 지원 동기다. 이렇게 대답하는 사람이 없을 것 같지만 아직까지 있다. 지원 동기는 회사의 비전(모든 회사가 지향하는 비전 말고 그 회사만 가지고 있는 것이 좋다)이나 직무의 비전 더하기 본인의 경험이 가장 훌륭한 조합이다.

대부분은 지원한 회사의 사업 분야에 관심이 많았다고 하든가 또는 지원한 회사의 비전이 좋았다고 대답하는 식이다. 하지만 그 사업 분야에 관심이 많았다고 하면 사업군의 수많은 회사 중 왜 굳이 우리 회사를 선택했느냐고 물을 것이다. 그러면 뭐라고 답할 것인가? 여기서 대부분의 지원자들의 말문이 막힌다. 어릴 적 경험 말고 진정성 있게 지원한 직무와 관련된 본인의 경험과 결부시켜 말하도록 하자. 없다면 미리 만들고 면접장을 들어가야 한다. 무조건!

4. 면접장을 들어가는 순간부터 나오는 순간까지 완벽하게 모의 면접 시뮬레이션을 해봐야 한다.

'이미지 메이킹'이라고 많이들 들어봤을 것이다. 사실 면접은 면접장의 문을 열고 들어가는 순간의 표정, 걸음걸이, 눈빛으로부터 시작된다. 긴장을 많이 하면 사람은 무의식중에 평소 습관이 나오기 시작한다. 본인은 그 사실을 잘 알지 못한다. 하지만 면접장에서 나오는 그런 습관들이 면접관의 매의 눈에 포착되는 경우가 상당하다. 질문을 받기도 전에 좋지 않은 습관 때문에 나쁜 인상을 박고 들어가면 억울하지 않은가.

사람은 원래 자기 자신을 잘 모른다. 그렇기 때문에 영상을 찍어야 한다. 반드시 모의 면접을 해야 하고 할 때 처음 문을 열고 들어와 인사하는 것부터 영상을 찍어야 한다. 모의 면접이 다 끝나고 동영상 속 본인을 보면 '아, 내가 이런 태도로 이런 행동을 하나' 싶을 정도로 다른 사람이 화면 속에 있는 듯한 느낌을 많이 받는다. 예를 들어 머리를 만지는 습관, '이제…'라는 말을 계속 대답 앞에 붙이는 습관, 다리를 떠는 습관, 당황하면 눈을 위로 치켜뜨는 습관 등 정말 많은 안 좋은 습관들을 영상 속에 나라는 사람이 하고 있는 걸 발견하게 된다. 그런 점들은 의식적으로 고치도록 해야 한다.

동영상을 촬영해서 본인이 보지 않았더라면 몰랐던 습관들을 고치는 것이 매우 중요하다. 그리고 그 긴장감 넘치는 순간들을 모의로라도 여러 번

시뮬레이션해보면 실제 면접장에서의 긴장은 현저히 줄어든다. 반드시 모의 면접을 해보자. 들어가는 순간부터 나가는 순간까지 영상을 촬영해 내가 도대체 어떻게 하는지 제3자의 입장에서 보도록 하자.

5. 우리는 예상 질문의 답변을 외우는 기계가 아니다. 표정과 행동을 통해 진정성이 느껴지게 하라.

많은 지원자들이 면접 준비를 열심히 해온다. 있는 힘껏 예상되는 질문을 짜고 그에 대한 답변을 툭 치면 나오는 로봇마냥 열심히 달달 외운다. 그런데 여기서 주의해야 할 점이 있다.

5년 동안 취업준비생들을 코칭하면서 본인은 답변을 잘했다고 생각하지만 면접관이 봤을 때 좋지 않다고 생각하는 부분이 늘 있었다. 바로 기계처럼 답변할 때다. 질문의 내용을 전혀 생각하지 않고 준비된 답변을 줄줄 늘어놓는 그런 행동은 하면 안 된다. 아무리 그 답변의 내용이 획기적이고 좋다고 한들 그들은 당신의 표정, 눈빛, 행동을 보면서 '아, 이 친구가 외워온 답변을 영혼 없이 읊어대고 있구나'라고 생각하면 부정적인 인식이 딱 박힐뿐더러 답변의 내용 또한 진정성 있게 들리지 않기 때문이다.

예상 질문을 짜고 답변을 준비할 때도 표정이나 행동도 함께 연습하길 바란다. 삼각대에 핸드폰을 설치하고 동영상 버튼을 누른 후 정말로 내가 면접 때 이 질문에 답하고 있다고 생각하고 진지하게 임해보길 바란다.

본인의 표정은 찍지 않으면 볼 수가 없다. 그냥 혼자서 외운 것을 체크하는 식으로는 실제 면접상황에서 답변할 때 본인의 모습을 보지 못한다. 표정과 행동으로 그들과 나의 감정을 나누면서 답변하는 연습을 꼭 해보도록 하자.

6장

마음 가다듬고
최종 돌파하기

내 안의 마음, 멘털부터 바로잡기

자, 이제 이 막막한 현실에서 나를 어떤 식으로 어필해야 하는지 어느 정도 감이 좀 잡히는가. 여기까지 오느라 수고 많았다. 마지막 장은 한 번 더 마음을 다잡을 수 있도록 이 책을 처음 집었을 때의 마음으로 돌아가 생각해볼 수 있기를 바라며 써 내려갔다.

지금까지 나의 이야기들, 그리고 내 지인들의 이야기를 빌려 취업의 어려움을 타파하는 방법을 더 쉽게 가슴에 와닿을 수 있도록 노력했다. 그런데 문득 생각해보니 사례를 살펴보는 것보다 마음을 굳게 다잡는 일이 선행되어야 하는 게 아닐까 하는 생각이 들었다.

생각해보니 그랬다. 나도 무언가를 해보고자 한편엔 오기를 또 다른 한편엔 용기를 굳게 심었을 때가 나의 전환점이 되었고, 저스펙으로 입사의 문을 두드린 나의 지인들도 어떤 한 터닝 포인트가 마음을 굳건하게 만들어 그때부터 마음을 다잡고 갈 수 있었다고 한다.

옆에서 좋은 강사나 선배가 무슨 말을 한들 본인의 마음이 따르지 않으면 어쩔 수 없다. 내가 마음을 먹지 않으면 그저 그만일 뿐인 것을. 그것만은 타인이 어떻게 해줄 수 있는 영역이 아니다. 그러나 이 책을 집고 여기까지 읽은 독자들이라면 이미 그런 마음을 굳게 먹고 책장을 한 장씩 넘기고 있지 않을까 상상해본다.

마음먹기가 반이다

마음먹기에 따라서 결과의 반이 결정된다고 해도 과언이 아니다. 마음속에 '그래, 이거 내가 해내고 만다', 혹은 '남들이 다 안 된다고 해도 나라는 사람이 당당히 해내는 걸 보여줄 거야' 같은 마음을 먹고 가는 것과 '일단 뭐, 안 될 것 같기는 한데 해보는 거지', 혹은 '안 되면 말고' 같은 마음을 먹는 것과는 하늘과 땅 차이다.

후자는 이미 마음속에서 절반의 핑계는 만들어놓고 가는 것이기에 최선을 다하려고 해봐야 할 수가 없다. 좋은 결과를 받지 못한다 한들 나에겐 그 결과를 정당화할 수 있는 마음속의 핑곗거리가 있기 때문이다.

사람은 정말 웃긴 동물이다. '안 되면 말고'라는 식으로 생각하면 정말 뇌가 딱 그 정도만 반응한다. 그래서 무슨 일이든 처음 시작할 때 마음먹기가 정말 중요하다. 마음을 굳게 먹으면 나의 멘털 또한 그 마음에 따라, 생각에 따라 굳건해진다. 무슨 일이 닥쳐도 흔들리지 않고 중심을 지키며 끝까지 해낼 수 있는 힘이 생긴다.

내가 5년 동안 청춘 멘토로, 그리고 모의 면접관으로 활동하면서 봐온 친구 중에는 경험적인 스펙에 조금만 더 살을 붙이면 충분히 대기업에 합격할 수 있을 것 같은 친구들이 많았다.

그런데 그런 친구들마저도 자신은 할 수 없을 것이라고 쉽게 단정 짓곤 한다. 요즘 취업준비생들, 특히나 지방대 출신 취업준비생들은 한국의 점점 높아지는 취업난과 어려워지는 경제 상황에 지레짐작으로 겁을 먹는다.

지금의 취업률은 최악이고, 내로라하는 대기업들도 긴축재정을 할 정도로 상황이 좋지 않다. 하지만 그렇다고 본인 스스로 포기할 필요는 없다.

뭔가 하고 싶고 되고는 싶어서 모의 면접을 받으러 오고 코칭을 받기 위해 취업 동아리에 가입하긴 하는데, 모의 면접을 하다

보면 유독 의지가 약하거나 같은 준비시간을 줬음에도 불구하고 하고자 하는 열정이나 긴장감이 많이 떨어지는 친구들이 있다. 이미 마음에서 반쯤은 포기를 했기 때문이다.

제발 이도 저도 안 되게 살지 말자!

그들의 마음은 충분히 이해가 된다. 취업률이 엄청나게 낮아지고 취업의 문턱이 높아진 것도 다 사실이다. 하지만 그렇게 힘들게 준비를 하면서도 마음 한편에 '안 된다'는 생각을 하고 들어간다면 죽도 밥도 안 되는 꼴이 된다. 하긴 하는데 뭔가 어정쩡하게 이도 저도 아닌.

이왕 할 거라면 화끈하게 내가 진짜 떨어져도 '아, 여긴 내가 갈 그릇이 아니구나' 하는 생각이 들 정도로 미련 없이 최선을 다해서 해보라는 말이다.

내 안의 마음이 타오르지 않으면 소용없다. 양초가 아무리 많아도 불을 지피지 않으면 그 양초는 결국 촛대 위에 있는 장식품에 지나지 않는다.

나 스스로가 본인을 믿지 못하는데 어떻게 다른 사람들에게 나를 믿어달라고 설득할 수 있겠는가. 내가 먼저 나를 믿어줘야 한다.

지금 잘하고 있다고, 그리고 충분히 해낼 수 있다고.

자신감을 키워라

나도 취업 준비를 할 때 수없이 되뇌었다. 할 수 있다고. '아, 왠지 할 수 있을 것 같은데?'라면서 이상한 자신감을 스스로 심어주었다. 근데 이게 실제로 효과가 있었다. 자기소개서를 쓰면서 막힐 때는 잠깐 바람을 쐬면서 '아, 이거 뭔가 좀만 하면 기가 막히게 쓸 수 있을 것 같은데'라며 스스로 다독였다.

면접 보기 전 제일 떨리는 그곳, 면접장 문 앞에서 다섯 명에서 쪼르르 앉아 대기할 때도 마음속으로 되뇌었다. '내가 뽑혀야 하는 것도 맞지만 나도 면접을 통해서 이 회사를 평가할 거야'라는 시건방진 생각을 계속 심었다. 그래야 떨림이 덜할 것 같고, 차분하게 그리고 당차게 면접을 보고 나올 수 있을 것만 같아서.

그런 생각을 해도 여전히 떨렸지만 면접이 진행되면서 내 페이스를 찾았고, 당차면서도 차분하게 조곤조곤 이야기하고 나올 수 있었다. 그래서인지 나의 면접 승률은 계속해서 올라갔고 더욱더 자신감 있는 모습을 가질 수 있게 되었다.

나는 그 모든 것의 첫걸음이 내가 마음을 굳건히 먹은 그날로부터 시작되었다고 생각한다. 아무도 되지 않는다고 했을 때 내가 해내보겠다며 다짐한 그날. 아직도 기억이 생생하다. 지방대 출신의 여자 공대생은 그런 기업에 들어갈 수 없다고, 추천서를 써줄 테니 눈을 낮춰보라는 말을 들었던 그날. 바로 그날부터 나는 조금 다른 사람이 되었다. 주변의 근거 없는 부정적인 말들을 걸러서 들었고 작은 것에 일희일비하지 않았다. 그렇게 나는 중심을 지킬 수 있는 사람이 되었던 것이다.

당신도 그런 소중한 계기를 맞이하길 바란다. 그리고 이 책이 그 계기가 되었으면 좋겠다.

재직 선배 찬스가 직방이다

취업 준비를 하다 막히면 누구에게 의지를 하면 좋을까? 엄마? 친구? 취업지원실 선생님? 취업 관련 서적? 그도 아니면 남자친구? 여자친구?

개인마다 다를 수 있겠지만 '취업'이란 벽 앞에서 막혔을 때 가장 현명한 방법은 바로 '재직 선배'에게 기대는 것이다. 기댄다는 말이 웃길 수도 있겠지만 그만큼 재직 선배에게 도움을 요청하는 것이 회사의 실무나 분위기를 전혀 알지 못하는 취업준비생 입장에서는 가장 빨리 가는 지름길이다.

답을 알고 시험장에 들어가는 기회를 잡아라

재직 선배의 조언을 들으면 회사 홈페이지에도 나와 있지 않은 그 회사의 진짜 분위기를 알 수 있다. 또 올해 회사가 어떤 부분을 중요하게 여기는지도 알 수 있다.

회사는 하반기 휴가를 다녀오면 어김없이 내년의 사업기획을 짜게 되어 있고, 이때 내년의 모토나 중요하게 생각해 달성하려는 목표 같은 것들을 만든다. 그리고 내가 지원하고자 하는 직무에 재직하고 있는 선배는 그 사업계획을 직접 만들거나, 아직 그럴 만한 짬이 되지 않는다 해도 이미 작성된 사업계획을 메일 등으로 송부받아 알고 있을 것이다. 그보다 더 정확한 정보통은 없다.

나 또한 내가 취업준비생일 때 내가 지원하려는 회사에 근무하고 있는 선배들에게 공손하게 양해를 구한 뒤 내가 궁금한 점을 많이 물어보았다. 그때 선배들은 귀찮은 내색 없이 내가 궁금했던 부분을 차근차근 설명해주었으며, 본인의 회사 후배로 들어와달라는 응원의 말도 늘 잊지 않았다. 재직 선배들 덕분에 나는 한발 더 나아갈 힘을 얻었고, 더 크게는 재직자만이 알 수 있는 회사의 분위기와 그 회사가 중요하게 생각하는 가치를 알 수 있었다.

이 방법은 항상 잘 먹혀들었고, 실제로 잘 먹힐 수밖에 없었다. 이미 답을 알고 시험을 보러 들어가는 것이나 마찬가지

이기 때문이다. 물론 그들이 정답을 가르쳐줄 순 없지만 그런 분위기를 감으로 익혔다는 것만으로도 정말 큰 무기를 얻은 것이나 마찬가지인 셈이다. 회사의 분위기나 추세를 감안하고 거기에 포커스를 맞추어 대답하는 것과 그냥 아무 생각 없이 대답하는 것은 하늘과 땅 차이다.

선배에게 기본적인 예의는 지켜라

청춘 멘토로 취업준비생들을 만나다 보면 정말이지 생각 외로 기본적인 선을 지키지 않는 이들을 종종 만난다. 다행히도(?) 내가 취업준비생일 때는 최소한의 예의를 갖춰서 질문했고 그 선배들 또한 마음이 넓고 후배를 도와주고자 하는 마음이 컸기에 도움이 되는 소스들을 많이 알려주었다.

그러나 기본적인 예의를 지키지 않는다면 선배들 또한 도와줄 의무는 없다. "안녕하세요. ○○과 ○○○입니다. ○○회사 재직 선배라고 들었습니다. 자기소개서 하나만 메일로 좀 보내주세요"라든가, 심지어는 누군지도 밝히지 않고 그냥 막 내놓으라는 식으로 구는 이들도 있다.

물론 대부분의 친구들은 예의 바르게 나에게 고민을 털어놓고 자기소개서 첨삭을 부탁하기도 했다. 그러면 나는 짬을 내서라도 그 친구들에게 도움이 될 한마디를 해주거나, 퇴근 후 졸린 눈을 비벼서라도 자기소개서 첨삭을 해준다.

그들의 간절함을 알고 있으니까. 나도 그 힘든 시간을 지나와 봤으니까.

내가 취업준비생이었을 시절 재직 선배가 신경 써서 첨삭을 해주거나 조언을 해주면 그게 그렇게 고마울 수 없었다. 그래서 지금 나도 그들에게 조그만 힘을 보태주고자 노력한다. 그러나 열 명 중 한 명은 기본적인 선을 지키지 않고 맡겨놓은 걸 내놓으라는 태도로 나왔다. 그런 무례함에 아예 답장을 안 해준 적도 있다.

급한 건 취업준비생들이다. 재직 선배들은 급할 게 없다. 업무하면서 보고서도 써야 하고 회의도 들어가야 하는 그 정신없는 상황에서 시간을 쪼개 답장을 해준다는 건 말처럼 쉽지 않다. 해줘도 그만, 안 해줘도 그만인 셈이다.

취업준비생들은 부탁을 해야 하는 입장이다. 그러니 정중하게 요청해보자. 예의를 지켜 요청한다면 마다할 선배는 거의 없다. 아마 기쁜 마음으로, 그리고 기특한 마음으로 당신의 요청에 응할 것이다.

어떠한 취업 분석 서적도 취업 관련 인터넷 커뮤니티에 올라온 조언들도 재직 선배에게 직접 물어보는 찬스를 이길 것은 없다. 내가 가고 싶은 회사의 진짜 모습을 알고 싶다면 인터넷 홈페이지에 나와 있는 이상적인 회사의 모습만 보지 말고 재직 선배의 조언을 구하기 바란다.

취업이라는 거대한 벽을 타파할 때 벽 너머에 서 있는 사람의 조언은 그 벽을 뚫을 수 있는 가장 강력한 힘이 된다.

어차피 할 도전
큰물에서 놀아라

사람들은 왜 다들 번듯하고 큰 직장에 가려고 하는 걸까?

이유야 많다. 돈을 많이 주니까, 복지가 좋으니까, 있어 보이니까, 체계적으로 배울 수 있을 것 같으니까. 나를 비롯한 나의 지인들 그리고 현재 취업을 준비하고 있는 친구들도 물어보면 다 비슷하게 대답을 한다. 취업을 준비하는 시기에는 말이다.

나는 지금 직장을 5년 넘게, 6년째 다니고 있다. 그런 지금, 다시금 대기업에 입사해야 하는 이유를 묻는다면 조금 다른 대답을 할 수 있을 것 같다. '나라는 사람의 지름을 넓힐 수 있으니까'라고 말이다.

사실 취업률이 바닥을 치고 있는 지금, 나의 지름을 넓히고 말고를 떠나 '그냥 입사만 시켜주면 무엇을 시켜도 감사하고 몇 시에 퇴근하더라도 모두 다 감사합니다. 입사만 시켜주십시오'라고 생각할 수 있다. 하지만 곧 깨닫게 된다. 사람은 생각보다 간사한 동물이라는 걸.

입사 후 몇 개월밖에 지나지 않았는데 회사에 대한 불평불만이 늘어난다. '가르쳐주지도 않으면서 자꾸 뭘 시키는 거야', 혹은 '아, 퇴근 시간 다 돼서 일을 주는 건 그냥 남아서 일을 하란 건가. 너무하네, 진짜' 하는 불만들 말이다. 그 외에도 수없이 많은 고난이 나를 괴롭힌다. '난 무엇을 위해 여기서 이러고 있는 걸까' 하는 생각이 머릿속을 꽉 채운 날들이 계속된다. 자꾸만 돈 때문에 여기서 버티고 있다는 생각이 떠나질 않는다. 화장실 들어갈 때 마음과 나올 때 마음이 다르다고 하던가. 어쩔 수 없다. 사람이기에 본인에게 힘든 부분과 맞닥뜨리면 일단 그냥 힘든 것이다.

나라는 사람의 지름을 넓힐 수 있는 수단

대기업에서 일할수록 위와 같은 생각을 할 확률은 더 높아진다. 그럼에도 불구하고 큰 기업, 남들이 알만한 기업을 가라고 하는 데는 이유가 있다. 경제적 여건, 주위의 시선 등 여러 요인이 있겠지만 무엇보다 큰 장점은 '크고 넓게 볼 수 있다'는 점이다.

물론 기업이 클수록 업무가 세분화되어 있어 본인이 담당한 일 외에는 잘 모를 수밖에 없기는 하다. 그러나 본인의 업무 영역에서만큼은 경쟁사와의 세미나를 간다든가 업체와 미팅을 한다든가 산학협력 과제를 맡아 교수들과 함께 신기술 프로젝트를 진행하는 등 다양한 일들을 해볼 수 있다. 그 분야에서 나의 식견을 넓힐 수 있는 것이다.

회사에서 일하다가 나와서 사업하는 사람들을 보면 그 분야의 대기업에 오래 종사한 사람들이 많다. 입사하고 훗날 계속 회사를 다닐지 혹은 본인의 사업을 할지 잘은 모르겠지만 결국 그렇게 배운 것들이 장래 나의 사업, 혹은 능력의 파이를 키우는 데 엄청난 도움이 된다. 그런 의미에서 이왕 하는 거 제대로 해서 큰 기업에 입사하는 것을 추천한다.

혹시 이런 이야기를 들어보았는지. 비단잉어는 어항에서는 10센티미터를 넘기지 못하고 연못에서는 30센티미터까지 자라지만, 강에서는 60센티미터 넘게 자란다고 한다. 그만큼 환경이 중요하다는 뜻이다.

물론 일각에서는 '큰 기업이라고 다 좋은 건 아니다'라고 이야기하기도 한다. 돈을 주는 만큼 일을 많이 시킨다며 업무 강도를 들먹이며 말이다.

맞다. 대기업에 다닌다고 다 좋은 것은 아니다. 나도 회사를 다니고 있지만 좋은 점보다는 좋지 않은 점이 더 크게 다가온다. 원래 본인이 속한 조직의 좋은 점보다는 좋지 않은 점이 더 많이 보이는 법인 걸까? 그러나 마음먹기에 따라 대기업은 내게 강 같은 환경을 조성해줄 수 있다. 해보고 나서 안 하는 것과 처음부터 해보지 못한 것과는 엄연히 다르다.

보통 대기업이라고 하면 동기들 그리고 선배들과의 경쟁이 치열하며 지독한 사람들이 많을 것으로 생각한다. 물론 조직의 모든 사람이 다 본인과 맞을 수는 없다. 하지만 그곳에 있는 모든 사람은 '입사'라는 험난한 관문을 넘기 위해 본인의 강점을 어필하는 등 나름대로 채용 프로세스에서 살아남을 수 있는 필살기를 가지고 있을 것이다.

각자 가지고 있는 필살기는 다르지만 배울 수 있는 점이 많은 사람들이란 것은 확실하다. 이 사람에게서는 사교성과 융통성을, 저 사람에게서는 업무처리능력과 상황대처능력을 배울 수 있다. 설령 그게 후배라 하더라도.

각자 들고 있는 무기의 색깔이 다르다. 대기업에는 그 색깔이 진한 사람들이 많이 모여 있어, 함께 생활하면서 서로 알게 모르게 물들며 배워갈 수 있다. 이처럼 서로가 윈윈(win-win)할 수 있는 곳이 바로 대기업이다.

취업 준비 시기, 자신만의 패턴을 세우고 지켜라

'어차피 할 거, 제대로 하자.'

나의 신조이기도 하고 항상 무엇을 시작하기 전에 되뇌는 말이기도 하다. 어차피 시작할 거라면 이왕 할 거 제대로 하자. 취업 준비도 노는 것도 둘 다.

한정된 시간 안에서 투자한다면 집중해서 쏟아부어야 한다. 종종 이도 저도 안 하는 친구들이 있다. 노는 것도 아니고 자기소개서를 쓰는 것도 아니고, 면접 준비를 하는 것도 아니고. 그렇게 되면 에너지는 에너지대로, 시간은 시간대로 들고 그렇다고 개운하게 논 것도 아니라 에너지와 시간을 두 배로 버리게 된다.

내가 취업 준비할 때 일주일에 5일은 무조건 달렸다. 24시간 내내 집중할 순 없었지만 정해놓은 일과 안에서는 거기에만 집중하려고 노력했다. 그리고 나머지 이틀인 토요일과 일요일은 무조건 미친 듯이 놀았다. 책 한 자 보지 않았고 취업이나 스펙과 관련된 그 어떤 것도 하지 않았다. 그냥 멍 때리며 보내기도 했고 친구들과 1박 2일 여행을 가는 등 나만의 힐링을 제대로 즐겼다. 그래서 난 그 이틀이 너무나 기다려졌다. 3일째 되는 수요일쯤 고비가 찾아올 때면 곧 다가올 나의 자유 시간 이틀을 생각하며 다시 몰두할 수 있었다.

자신만의 패턴을 잡아나가길 바란다. 쉬는 날을 꼭 주말로 정할 필요는 없다. 그냥 본인의 생활습관이나 성향, 집중이 잘되는 시간대나 요일을 골라잡아 스스로 기준을 정하면 된다.

이런저런 이유에서 나는 어차피 취업을 할 거면 좀 더 큰물에서 놀아보라고 이야기하고 싶다. 본인의 식견을 더 넓힐 기회이기도 하고, 훗날 회사를 그만두고 본인의 사업을 하든 계속 회사를 다니든 큰 자산이 되고 도움이 될 테니까. 해보고 안 하는 것과 못하는 것과는 다르다. 이왕 취업 준비할 거 확실하게 제대로 준비해서 본인의 지름을 넓히는 계기가 되기를. 또 한 번 마음속으로 파이팅을 외쳐본다.

결핍이 때로는 원동력이 된다

여기까지 읽으면서 어떻게 마음이 좀 단단해졌는지 모르겠다. '마음'을 먹는 일이 가장 중요하고 어려운 것이다. 당신이 이 책을 집어 들어 여기까지 읽어내려 갔다면 그 '마음'이란 것을 단단히 먹었다는 것에 의심할 여지가 없다.

내가 바로 마음을 먹었던 계기는 한 강의였다. 그 강의는 전반적으로 인생에 관한 내용이었다. 앞으로 내가 살아나갈 인생 말이다. 어떻게 살아나갈 것이고 내가 하고 싶은 것은 어떤 것이며 경제적으로는 얼마만큼 벌고 싶은지 등. 너무 이상적인 말도 아니었고 그렇다고 현실적으로만 하는 강의도 아니었다. 현실과 이상 그 사이 어디쯤이었다고 기억한다.

멋진 어른이 되어보겠다는 결심

취업을 준비하던 시절 난 '뭘 하고 싶다'라고 이야기할 만한 꿈도 뚜렷하게 없었다. 그러나 경제적으로나 인격적으로나 독립을 하고 싶었고, 그래서 그냥 막연히 돈 잘 벌고 능력 있는 멋진 커리어 우먼이 되고 싶었다. '멋진 사람' 말이다. 그 안엔 가장 큰 두 가지의 '결핍'이 있었던 것 같다.

첫 번째는 경제적인 결핍이었다. 중·고등학교 한창나이 때 아버지의 사업이 정말 어려웠다. 실은 초등학교 고학년 때부터였던 것 같기도 하다. 여기서 다 말할 수는 없지만 참으로 많이 힘들었다. 아주 어릴 때는 남부럽지 않게 살았기 때문에 그 힘듦은 2배로 다가오는 듯했다. 머리가 점점 크면서 나는 꼭 내 힘으로 성공하리라 다짐했다. 학생인 지금은 아니지만 훗날 부모님께 용돈도 멋있게 착착 주고 남들에게 베풀며 내가 나에게 근사한 선물도 사주며 멋있게 살겠노라고. 부족하지 않게 살겠노라고.

두 번째는 사회적 지위에 대한 결핍이었다. 난 아직 회사에서 지위랄 만한 지위가 없다. 후배들이 많은 게 지위라면 지위일 수도 있겠다. 그런데도 그때 난 대기업에 가기만 하면 그런 지위가 생길 거라 생각했다. 평소에 해봤자 대학생이란 타이틀만 있었던 나였다. 그렇기에 대기업 타이틀을 딴 사원, 대리들의 사원증이 무슨 〈쇼미더머니〉의 블링블링한 합격 목걸이처럼 느껴졌다. 그 목걸이를 꼭 따내겠노라고.

이렇게 취업준비생 시절에는, 경제적으로나 인격적으로 멋진 사람이 되는 것은 대기업에 취업하는 것이라고 생각했다. 지금은 아니지만 그래도 그땐 그게 다인 줄 알았다. 그래서 그날 거기서 마음을 굳건히 먹었다. 멋진 어른이 되어보자고. 못할 것 없다고.

결핍이 계기가 되어 앞으로 나아갈 수 있는 힘이 된다

누구나 '계기'가 존재한다. 그 계기를 겪은 사람과 아직 못 겪어본 사람과는 큰 차이가 있다. 계기는 마음을 굳건하게 만들어준다. 어떻게 살아나갈지에 대한 방향과 용기를 준다.

나는 지금 여기를 읽고 있는 취업준비생들에게 이 책이 충분한 '계기'가 되었으면 좋겠다. 여기에서 앞으로 나아갈 방향을 알고 용기를 가지면 좋겠다. 진정한 계기를 만나는 그 순간이 얼마나 큰 힘을 가지고 있는지 지나고 보면 알 것이다.

인생은 힘들고 고달프다. 어차피 힘들 거 조금은 당당하게 그리고 조금은 더 여유 있게 순간순간의 행복을 찾아가길 바라는 마음이다.

나는 이 계기를 통해 내가 가진 결핍들을 채우고 싶었다. 그런데 이상하게도 그 결핍들이 내가 포기하지 않고 마음을 단단히 먹을 수 있게 하는 원동력이 되었다. 그러한 결핍이 없었더라면

난 쉽사리 그 계기를 맞이하지 못했을 것이다.

모두가 완벽하게 만족하는 삶을 사는 것 같지는 않다. 포기할 것도 참 많고 마음처럼 쉽게 되지 않는 일들도 많고, 내가 선택하지 않은 것들에 대해 책임처럼 떠맡아야 하는 일들도 많을 것이다. 그것들을 원동력으로 바꿔보자.

사람이 항상 힘만 낼 수는 없다. 모든 것을 놔버리고 싶고 이게 지금 내가 뭘 하고 있는 건가 싶은 혼돈의 시기가 분명 찾아온다. 그것도 꽤 자주. 그럴 때 내가 이렇게 꼭 되어야만 하는 이유, 내가 할 수밖에 없는 이유. 힘들 때마다 그것들을 떠올리면서 내 결핍들을 훗날엔 꼭꼭 채워서 살 것이라 생각하면 다시 마음을 다잡을 수 있을 것이다.

마음을 가다듬고 최종 돌파하기 전에 생각하자. 난 참 완벽하지 않아서 채울 게 많다고.

그런 '결핍'이 나의 '원동력'이 되어 가득 찬 용기와 적당한 오기를 섞어 해낼 수 있는 밑거름이 되어줄 것이라고.

과정의 무게를 견딜 만한 용기를 가져라

자, 이제는 오롯이 과정의 무게를 견딜 만한 용기가 필요한 시점이다. 그리고 이것은 각자의 몫이다. 저스펙인 우리가 대기업이란 큰 문을 두드릴 수 있었던 방법들과 멘털을 관리하는 방법에 대해서 나, 그리고 나의 많은 지인들이 해내왔던 과정들을 고스란히 풀어냈다.

사회에 첫발을 내딛기 위한 멘털을 잡았는가. 취업은 어떻게 보면 멘털 싸움이라고도 할 수 있다. 스스로 중심이 잡힌 사람들은 쉽게 흔들리지 않고 남들보다 늦든 이르든 본인의 길을 찾아가게 되어 있다. 그런 멘털이 취업을 준비하는 과정에 있어서 그 무게를 견딜 만한 용기로 바뀌어나갈 것이다.

선불리 포기하지 마라

사람은 마음먹기가 제일 힘든 법이다. 마음가짐을 다르게 하고 굳은 결심을 하는 순간 다른 사람으로 변하게 하는 마법 같은 일이 일어난다.

물론 자기소개서 적는 법이나 면접관을 사로잡는 1분 스피치, 시간 관리법 등 실용적인 내용도 중요하다. 하지만 그에 앞서 혹독한 취업이라는 현실을 마주할 수 있는 멘털을 길러야 한다.

지금은 경쟁사회다. 우리보다 똑똑한, 소위 명문대를 다니는 친구들과 비교해서 우리만의 강점을 부각시키고 그들과 비교해 내가 채용되었을 때 어떤 부분에서는 회사에 더 도움이 된다고 생각해야 기업도 우리를 뽑지 않을까?

취업 시장이 얼어붙어 지방대생은 대기업을 쉽게 엄두도 내지 못할 정도가 되었다. 취업준비생들을 코칭하는 사람으로서 늘 이런 부분이 매우 안타까웠다. 선불리 포기하지 말자. 아직 기회는 있다. 저스펙 취업준비생들의 강점은 따로 있다. 수치화된 스펙에 쫄지 말자.

먼저 '나'를 알아야 한다

목표하는 회사에 지원할 때, 먼저 자신이 어떤 것을 할 수 있고 할 수 없는지 잘 생각해보고 객관적으로 바라볼 수 있는 시각이 필요하다. 지금 나는 어느 시점에 서 있고 채용 시즌이 언제이며 이런 직무에 대해서 내가 어필할 수 있는 유일한 혹은 특별한 점은 무엇이 있는지를, 없다면 지금 내가 무엇을 할 수 있고 우선으로 해야 할 것이 무엇인지를 객관화시켜야 한다는 말이다.

기업에서 많이 한다던 SWOT 분석을 나 자신을 대상으로 해볼 필요가 있다. 나의 강점, 약점, 기회 그리고 위협이 되는 부분들을 써본 사람과 써보지 않은 사람 간의 차이는 정말 크다. 내가 머릿속으로만 알고 있는 것과 머릿속으로 나 혼자만 알고 있던 것들을 활자로 끄집어내 제3자 입장에서 볼 수 있느냐의 차이다.

일단 적어보자. 시각화하는 것만큼 잘 보이는 것은 없다. 나를 예로 하여 한 번 써보자면 다음과 같다.

· 강점(Strength) : 도전 정신, 원만한 대인관계, 역지사지 정신, 상대방의 요구를 빠르고 정확하게 이해
· 약점(Weakness) : 지방대(스펙), 여성(제조업에 한해), 각 사업분야에 대한 낮은 이해도
· 기회(Opportunities) : 블라인드 채용 증가, 4차 산업혁명에 따른 인재 선발 기준 차별화
· 위협(Threats) : 증가하는 실업률, 경제 위기

외부 \ 내부	강점(S)	약점(W)
기회(O)	· 특유의 도전 정신으로 지원한 기업이 원하는 바를 빠르고 정확히 알아내 나만의 무기를 만든 후 공략. · 블라인드 채용으로 스펙보다 경험이 더 중요한 시대가 도래했으므로 나만의 경험을 만들어야 함.	· '지방대'라는 부족한 스펙은 블라인드 채용이 증가함에 따라 다른 경험적 스펙으로 대체. · 제조업에서 여성은 일하기 힘들다는 편견을 깨고 4차 산업혁명 시대를 잘 헤쳐나갈 수 있다는 점을 강조. · 각 사업 분야에 대한 낮은 이해도를 극복하기 위해 박람회에 참가하고 재직 선배들의 도움을 받는 등 다양한 방안 모색.
위기(T)	· 증가하는 실업률과 경제 위기와 같은 위협을 헤쳐나가기 위해서는 역지사지의 정신으로 기업이 어떤 인재를 선호할 것인지 분석.	· 스펙과 성별에 제한받지 않기 위해 각 직무에 대한 이해도를 높이고 그 분야에서 나만이 가질 수 있는 유일하고 특별한 강점 혹은 경험을 찾아서 차별화.

이렇게 표로 만들어 정리해보면 확실히 본인의 외부적으로의 기회와 위기, 내부적으로의 나의 강점과 약점을 확실하게 알 수 있다.

먼저 자기 자신을 알아야 전략을 세우든 그다음 단계로 넘어가든 할 텐데 많은 취업준비생들이 아직까지 본인의 강점과 약점이 무엇인지 잘 모르는 경우가 많다.

취업 준비라는 기나긴 터널을 갈 그 과정의 무게를 고스란히 견딜 만한 용기가 필요하다. 지금은 바로 그 시점이다. 그 전에 본인을 객관화해서 보고 싶다면 SWOT 분석을 해서 내가 지금 어떤 사람인지, 어떤 상태인지 점검해보는 것이 좋다.

자, 마인드도 다 잡았고 자기 분석까지 해보았다면 이제 단단한 마음을 가지고 혹독한 취업 시장에 뛰어들 준비가 된 것 같다. 잘 해내리라, 잘 헤쳐나가리라 믿는다.

에필로그

• • •

보이지 않는 길을 걷는 건 늘 어려우니까

방금 퇴근을 하고 내가 제일 좋아하는 따뜻한 헤이즐넛 라테를 시키고 노트북을 켰다. 원고 작업을 하기 전 늘 메일을 확인하는데 또 한 명의 취업준비생이 보낸 진심 어린 고민이 막 도착해 있었다. 그 장문의 글에는 얼마나 많은 생각을 했는지, 메일을 쓰기까지 본인의 미래와 진로를 수도 없이 고민한 흔적들이 고스란히 묻어 있었다. 그리고 내가 발행하는 브런치 매거진을 보면서 힘을 내서 내년 3월 공채를 위해 나만의 무기를 하나씩 준비하고 있다며 응원해달라고 했다.

과연 내가 이 친구에게 해줄 수 있는 것은 뭘까.

비단 이 친구만이 아닌, 나에게 왔던 그리고 앞으로 찾아올 취업준비생들의 각자 진중한 고민들을 해결하기 위해 나라는 사람이 뭘 해줄 수 있을까. 나는 늘 고민한다.

우리가 당장 어떻게 할 수 없는 나라의 경제적인 문제, 정치적인 문제들로 자꾸만 취업은 힘들어져 간다. 그럼에도 불구하고 단 한 명의 취준생이라도 현실에 지쳐 무너지지 않기를 바랐다. 현실에 지지 않기를. 너무나 어려운 말이었지만 그래도 난 꿋꿋이 이 냉정한 세상에 살아남기를 바라고 바랐다.

그래서 더 열심히 그들을 위해 움직였고 마음을 다해 강의하고 코칭했다. 그런 노력들이 좋은 결과를 낳았다. 한때는 취업준비생이던 그들도 지금은 매일 출근과 동시에 퇴근 생각이 간절해지는 이들이지만 그래도 씩씩한 회사원으로 성장해가고 있다. 나의 그런 마음과 생각이 이 책을 통해서 취업을 준비하고 있는 더 많은 청춘들에게 닿길 바란다.

나도 분명 취업을 준비했었던 시기가 있었고 당시 막막하고 앞이 잘 보이지 않았다. 그런 현실과 더불어 '지방대 사립대는 안된다' 혹은 '여자 공대생은 더더욱 힘들다'라는 등 주변의 부정적인 시선들이 새까만 도화지에 검정색 크레파스를 칠하는 것처럼 나를 더 막막하게 했지만 결국 그 시절들을 거치고 거쳐 해냈다. 미리 이 칠흑같은 험난한 길을 먼저 가본 사람으로서 멀리 돌아가기보단 조금이라도 좌절을 덜 맛보며 가는 길을 가르쳐주고 싶었다. 무엇이 중요한지를 알려주고 싶었다. 합격의 유무는 아이큐나 지식, 그리고 스펙의 차이가 아니라는 것을. 취업을 준비하는 이들이 어디에 중점을 둬야 하는지, 대기업 면접관이 어떤 생각으로 지원자를 평가하는지 포인트를 알려주고 싶었다.

강의를 가거나 코칭을 하다 보면 생각보다 많은 취업준비생들이 본인의 무기가 무엇인지 잘 모른다. 본인이 지원하는 회사에 어떤 점을 어떻게 어필해야 할지를 너무나 어려워하고 막막해한다.

작년에 지원했던 기업들에 우수수 떨어졌었던 한 지원자가 코칭을 받으면서 본인밖에 할 수 없는 무기와 필살기를 장착해 각 기업들이 원하는 요소와 연결시켜 어필했을 때의 합격률은 이전과 비교했을 때 정말 큰 차이를 보였다. 심지어 똑같은 스펙으로 말이다.

난 이런 친구들을 많이 봐왔기에 제한된 시간에 스펙을 상승

시킬 노력으로 다른 부분에 시간과 노력을 더 쏟는 것이 합격에 더 가까워지는 방법이라는 것을 꼭 알려주고 싶었다. 그래서 나와 내 주변 지인들의 실제 예를 많이 사용했고 더 마음에 와닿도록 느끼게 해주고 싶었다.

내가 코칭한 취업준비생들에게 이런 변화가 있을 때마다 말로 다 할 수 없는 기쁨과 뿌듯함을 느낀다. 그런 이유로 이 일을 놓지 못하고 직장을 다니면서도 5년째 하고 있는지도 모르겠다. 그리고 지금 시간을 쪼개고 쪼개어 퇴근 후 노트북 앞에 앉아 있는 것인지도.

많은 취업준비생들을 만나면서 가장 마음이 아팠던 점을 꼽으라고 하면 취업을 못하고 있는 현실을 오롯이 본인의 탓으로만 돌리는 경우였다. 그러지 않았으면 좋겠다.

'여러분들은 결코 틀리지 않았다.' 이 말을 꼭 해주고 싶었다. 틀리지 않았다고. 다를 뿐이라고. 그리고 부족한 사람이 아니라고.

우리가 당장 어찌할 수 없는 취업난이 계속되고 있는 지금 일자리가 자꾸 줄어들어 좀 더 깐깐하게 사람을 뽑을 뿐이란 것을. 지금의 힘듦을 자신의 탓이라고 자책하지 말길 바란다. 그리고 그 속에서도 지지 않고 걸어갈 이들을 진심으로 응원할 것이다.

책을 마무리하는 에필로그를 쓰고 있자니 이 책을 쓰기 위해 마음을 다했던 지난날들이 스쳐 지나가 감회가 정말 새롭다. 강의 혹은 코칭을 할 때 그들에게 해주며 강조했었던 이야기임에도 불구하고 다시금 떠올려 정리를 하고 글로 내뱉으려고 하니 생각보다 쉽지 않았다. 정말 좋아하는 일이기에 할 수 있었고 책으로까지 출간되어 세상의 빛을 볼 수 있었던 것 같다.

부디 이 글의 마지막을 읽고 있는 여러분들이 내가 마음을 다해 세상에 내놓은 이 책을 읽고 한 줌의 오기와 한 줌의 용기를 장전해 다시 나아갈 수 있는 계기가 되었으면 좋겠다. 그래서 훗날 내가 '이 책을 쓰길 참 잘했다, 안 썼으면 어떻게 할 뻔했어'라고 생각할 수 있는 그 날이 오기를 바란다.

처음과 똑같은 마음으로 건투를 빈다.

아니, 함께 건투해보자.

스펙,
토익 없이도
취업할 수 있는
전략

불황의 시대, 일본 기업에 취업하라

정희선 지음 | 13,800원

도전하는 곳을 바꾸면 취업의 문이 열린다
고용절벽의 시대, 일자리가 넘치는 일본으로 떠나라

일본 기업은 한국 기업과 달리 스펙, 자격증이나 인턴 경험 없이도 취업할 수 있으며, 일어를 잘하지 않더라도 영어 실력만 있으면 취업이 가능하다. 이 책은 우리가 제대로 알지 못했던 일본 취업 정보를 완벽히 분석했다. 일본 직장생활의 장점과 취업 준비 노하우를 공유하여 생애 첫 일자리를 찾으려는 취업 준비생이나 이직을 꿈꾸는 사회초년생 및 경력사원, 글로벌 커리어를 꿈꾸는 모든 젊은이에게 일본 기업에 취업할 수 있는 성공 전략을 제시한다.

꿈을 향해
거침없이
나아가는
실행력!

미친 실행력

박성진 지음 | 13,800원

지방대 출신, 공모전 기록 전무,
토익점수 0점의 저질 스펙 소유자!
미친 실행 하나로 국내 최고 유통 기업의 TOP이 되다!

"꿈과 열정을 가지세요! 생각하는 것만으로도 꿈을 이룰 수 있습니다."
자기계발서에 나오는 단골 멘트다. 저자는 이 말에 동의하지 않는다. 꿈과 열정을 가지고 생각하고 다짐만 한다면 절대 원하는 결과물을 얻을 수 없다. 아무리 뜨거운 열정과 큰 꿈을 가지고 있더라도 실행하지 않으면 아무짝에도 쓸모없는 것이 된다.
당신은 꿈꾸기 위해 태어났는가, 이루기 위해 태어났는가? 아무리 생생하게 꿈꿔도 소용없다. 그것을 실행시키는 사람만이 승자가 된다. 오늘 하지 못한 일은 평생 실행하지 못한다. 저자는 '언제 할까?' 고민하지 않고, '지금 당장' 움직이는 미친 실행력으로 인생을 180도 바꿨다. 인생을 바꾸고 싶다면, '지금 즉시, 될 때까지, 미친 듯이' 실행하라!